IDEALNA KSIĄŻKA KUCHARSKA 2022 CZEKOLADOWE BATONY BIAŁKOWE

100 pysznych i pożywnych przepisów na tworzenie własnych batonów

Martyna Baranowska

Wszelkie prawa zastrzeżone.

Zastrzeżenie

Informacje zawarte w tym eBooku mają służyć jako obszerny zbiór strategii, na temat których autor tego eBooka przeprowadził badania. Podsumowania, strategie, wskazówki i triki są jedynie zaleceniami autora, a przeczytanie tego eBooka nie gwarantuje, że czyjeś wyniki będą dokładnie odzwierciedlać wyniki autora. Autor eBooka dołożył wszelkich uzasadnionych starań, aby zapewnić aktualne i dokładne informacje dla czytelników eBooka. Autor i jego współpracownicy nie ponoszą odpowiedzialności za jakiekolwiek niezamierzone błędy lub pominięcia, które mogą zostać znalezione. Materiał w eBooku może zawierać informacje pochodzące od osób trzecich. Materiały osób trzecich zawierają opinie wyrażone przez ich właścicieli. W związku z tym autor eBooka nie ponosi odpowiedzialności za materiały lub opinie osób trzecich.

Książka elektroniczna jest chroniona prawami autorskimi © 2022 z wszelkimi prawami zastrzeżonymi. Redystrybucja, kopiowanie lub tworzenie prac pochodnych na podstawie tego eBooka w całości lub w części jest nielegalne. Żadna część tego raportu nie może być reprodukowana ani retransmitowana w jakiejkolwiek formie reprodukowanej lub retransmitowanej w jakiejkolwiek formie bez pisemnej wyraźnej i podpisanej zgody autora.

SPIS TREŚCI

SPIS TREŚCI 3
WPROWADZANIE 7
CZEKOLADOWE BATONY I KWADRATY 8
   1. Wegańskie batony białkowe 9
   2. Dmuchany baton z komosy ryżowej 12
   3. Kubki z orzechów nerkowca Matcha 14
   4. Czekoladowe plastry z ciecierzycy 16
   5. Batony bananowe 18
   6. Kandyzowane kwadraty bekonu toffi 21
   7. Czekoladowe batoniki białkowo-orzechowe 24
   8. Niemieckie batony białkowe z czekoladą 26
   9. Białkowe batony z potrójną czekoladą 28
  10. Batony malinowo-czekoladowe 31
  11. Musli batony białkowe 33
  12. Bary wiśniowe z Czarnego Lasu 35
  13. Żurawinowe batoniki popcornowe 37
  14. Cześć Dolly Bary 39
  15. Irlandzkie batoniki śmietankowe 41
  16. Bananowe batoniki wirowe 43
  17. Płatki owsiane z dyni w dowolnym momencie 45
  18. Czerwone aksamitne batoniki z dyni 48
  19. Kora czekoladowa z kandyzowanymi orzechami pekan 50
  20. Batony Crunch 53
  21. Wegańskie batony 56
  22. Batony proteinowe z czekoladą i kokosem 59
  23. Bary konfetti 61
  24. Batony z solonego karmelu nerkowca 64

25. Karmelki pistacjowe 67
26. Kluczowe kwadraciki limonki 69
27. Kandyzowane kwadraty bekonu toffi 71
28. Karmelowe batoniki z orzecha włoskiego 74
29. Przewlekłe batony pecan 76
30. Kwadraty chia z masłem migdałowym 78
31. Czekoladowe batony białkowo-orzechowe 81
32. Niemieckie batony proteinowe z czekolady 83
33. Batony proteinowe Blueberry Bliss 86
34. Batony proteinowe z masłem orzechowym i kawałkami czekolady 88
35. Surowe batony białkowe z nasion dyni konopi 90
36. Białkowe batoniki chrupiące z imbirem i wanilią 92
37. Precelki z masłem orzechowym 94
38. Batony białkowe z migdałów żurawinowych 96
39. Potrójne czekoladowe batony proteinowe 98
40. Batony malinowo-czekoladowe 101
41. Batony z ciastem z masłem orzechowym 103
42. Batony białkowe musli 105
43. Batony proteinowe z ciasta marchewkowego 107
44. Batony z pomarańczami i jagodami Goji 110
45. Truskawkowy batonik proteinowy z dojrzałych truskawek ... 112
46. Batony proteinowe Mocha 115
47. Bananowe batony proteinowe z czekoladą 117
48. Niebiańskie surowe batony 119
49. Bary potworów 121
50. Batoniki z jagodami 123
51. Pręty gumowe 125
52. Batony z solonymi orzechami 127
53. Bary wiśniowe z Czarnego Lasu 129
54. Żurawinowe batoniki popcornowe 131

55. Cześć Dolly Bary 133
56. Irlandzkie batoniki śmietankowe 135
57. Bananowe batoniki wirowe 137
58. Batony z sernikiem dyniowym 139
59. Bary Granola 141
60. Dyniowe kwadraty owsiane 143
61. Czerwone aksamitne batoniki z dyni 146
62. Batony ze śnieżną cytryną 148
63. Łatwe batoniki toffi 151
64. Baton wiśniowo-migdałowy 153
65. Karmelowe batoniki chrupiące 155
66. Batony owsiane 158
67. Batony do żucia Pecan 160
68. Batony proteinowe z ciastem z kawałkami czekolady 163
69. Batony proteinowe z ciasteczkami owsianymi z rodzynkami 166
70. Baton proteinowy makadamia z białej czekolady 169
71. Batony proteinowe z krówkami Red Velvet 172
72. Kwadraty białkowe w bułce cynamonowej 176
73. Niemieckie batony proteinowe z ciastem czekoladowym 180
74. Batony proteinowe na tort urodzinowy 184
75. Batony proteinowe z ciasta marchewkowego 188
76. Siedmiowarstwowe batony proteinowe 191
77. Ugryzienie batonika proteinowego z ciasta dyniowego 194
78. Batony proteinowe Pecan Pie 197
79. Tiramisù Batony proteinowe 200
80. Batony proteinowe S'mores 204
81. Batony proteinowe Nutella Krówka 207
82. Batony białkowe z krówkami Mokka 210
83. Karmelowe batony proteinowe Macchiato 213
84. Miętowe batony proteinowe z czekolady 217
85. Batony proteinowe Milionera 221

86. Batony białkowe Scotcheroo 225
87. Batony proteinowe Elvisa 228
88. Batony proteinowe z masłem orzechowym i galaretką 231
89. Batony proteinowe krówki z zielonej herbaty Matcha i migdałów 234
90. Batony proteinowe Super Greens Fudge 237
91. Napompowane batony białkowe 240
92. Rozdrobnione batony białkowe 244
93. Batony proteinowe z wołowiny 248
94. W Buff Protein Bars 252
95. Ścigajmy się w batonach proteinowych 255
96. Zdrowe batony białkowe Chubby Hubby 259
97. Mocne batony proteinowe 263
98. Dynamiczne batony białkowe 266
99. Duo Batony proteinowe 270
100. Śmierć przez czekoladowe batony białkowe 274

WNIOSEK 278

WPROWADZANIE

Historia czekoladek

Zanim wgryziesz się w gładki, bogaty mleczny baton, powinieneś wiedzieć, że czekoladki nie zawsze były tak słodkim przysmakiem. Były tradycyjnie gorzkim napojem. Czekoladki pierwotnie znaleziono w tropikalnych lasach deszczowych Ameryki Środkowej.

Czekoladki były uprawiane przez Mezoamerykanów, a starożytne plemię wierzyło, że czekolada zawiera mistyczne moce. Znany był również ze swoich właściwości afrodyzjakalnych i duchowych. Ziarno kakaowe było czczone przez Majów. A zarezerwowane były tylko dla najszlachetniejszych dostojników, władców, wojowników i kapłanów. Była to również forma waluty w regionie Majów.

W 1828 r. powstała prasa do kakao. Ta maszyna oddzielałaby masło kakaowe i proszek kakaowy od ziaren kakaowych. W 1887 roku szwajcarski cukiernik postanowił dolać mleka do mikstury. Szukał sposobu na zachowanie mlecznej czekolady przez długi czas, dzięki czemu czekolady mleczne zostały wprowadzone na świat. Od tego czasu czekoladki były łatwo dostępne dla mas. Dzięki marketingowi i większej produkcji czekoladki stały się przysmakiem, którym może cieszyć się każdy.

CZEKOLADOWE BATONY I KWADRATY

1. Wegańskie batony białkowe

Składniki:

- 1/3 szklanki amarantusa.
- 3 łyżki waniliowego lub niesmakowanego wegańskiego białka w proszku.
- 1 1/2-2 łyżki syropu klonowego.
- 1 szklanka aksamitnie solonego masła orzechowego lub migdałowego
- 2-3 łyżki roztopionej ciemnej wegańskiej czekolady.

Wskazówki

a) Pop swój amarant, podgrzewając duży garnek na średnim ogniu.

b) Dodaj masło orzechowe lub migdałowe i syrop klonowy do średniej miski i mieszaj, aby zmiksować.

c) Dodaj białko w proszku i wymieszaj.

d) Dodaj popękany amarantus, aż uzyskasz luźną konsystencję „ciasta". Uważaj, aby nie dodać zbyt dużo, w przeciwnym razie paski mogą stracić kleistość i nie będą się sklejać.

e) Przenieś mieszaninę do naczynia do pieczenia i dociśnij, aby utworzyć równą warstwę. Połóż papier pergaminowy lub folię na wierzchu i użyj płaskodennych rzeczy, takich jak miarka do cieczy, aby docisnąć i załadować mieszaninę do równej, mocno upakowanej warstwy.

1. Wegańskie batony białkowe

Składniki:

- 1/3 szklanki amarantusa.
- 3 łyżki waniliowego lub niesmakowanego wegańskiego białka w proszku.
- 1 1/2-2 łyżki syropu klonowego.
- 1 szklanka aksamitnie solonego masła orzechowego lub migdałowego
- 2-3 łyżki roztopionej ciemnej wegańskiej czekolady.

Wskazówki

a) Pop swój amarant, podgrzewając duży garnek na średnim ogniu.

b) Dodaj masło orzechowe lub migdałowe i syrop klonowy do średniej miski i mieszaj, aby zmiksować.

c) Dodaj białko w proszku i wymieszaj.

d) Dodaj popękany amarantus, aż uzyskasz luźną konsystencję „ciasta". Uważaj, aby nie dodać zbyt dużo, w przeciwnym razie paski mogą stracić kleistość i nie będą się sklejać.

e) Przenieś mieszaninę do naczynia do pieczenia i dociśnij, aby utworzyć równą warstwę. Połóż papier pergaminowy lub folię na wierzchu i użyj płaskodennych rzeczy, takich jak miarka do cieczy, aby docisnąć i załadować mieszaninę do równej, mocno upakowanej warstwy.

f) Przenieś do zamrażarki, aby ustawić na 10-15 minut lub do towarzystwa w dotyku. Następnie wyciągnij i pokrój na 9 batonów. Rozkoszuj się tym, co jest lub skrop odrobiną roztopionej ciemnej czekolady.

g) W temperaturze pokojowej stają się nieco miękkie, więc przechowuj je w lodówce (około 5 dni) lub zamrażarce.

2. Dmuchany baton z komosy ryżowej

Składniki:

- 3 łyżki oleju kokosowego.
- 1/2 szklanki surowego proszku kakaowego.
- 1/3 szklanki syropu klonowego.
- 1 łyżki tahini
- 1 łyżeczka cynamonu.
- 1 łyżeczka proszku waniliowego.
- Sól morska.

Wskazówki

a) W małej patelni na średnim ogniu rozpuść razem olej kokosowy, surowe kakao, tahini, cynamon, morski klon, syrop i sól waniliową, aż uzyskasz gęstszą czekoladową mieszankę.

b) Polej sosem czekoladowym na ugotowaną komosę ryżową i dobrze wymieszaj. Wrzuć dużą łyżkę chrupek czekoladowych do małych foremek do pieczenia.

c) Włóż je do zamrażarki na minimum 20 minut, aby stwardniały. Przechowuj w zamrażarce i rozkoszuj się!

3. Filiżanki z orzechów nerkowca

Składniki:

- 2/3 szklanki masła kakaowego.
- 3/4 szklanki kakao w proszku.
- 1/3 szklanki syropu klonowego.
- 1/2 szklanki masła z orzechów nerkowca lub cokolwiek chcesz.
- 2 łyżeczki matcha w proszku.
- Sól morska.

Wskazówki:

a) Napełnij małą patelnię 1/3 szklanki wody i umieść miskę na górze, przykrywając patelnię. Gdy miska będzie gorąca, a woda pod nią się zagotuje, rozpuść masło kakaowe w misce, włącz ogrzewanie i. Gdy się rozpuści, zdejmij z ognia i mieszaj przez kilka minut syrop klonowy i proszek kakaowy, aż czekolada zgęstnieje.

b) Używając średniej wielkości uchwytu na babeczki, wypełnij dolną warstwę sporą łyżką mieszanki czekoladowej. Po napełnieniu wszystkich uchwytów na babeczki, włóż je do zamrażarki na 15 minut, aby zastygły.

c) Wyjmij mrożoną czekoladę z zamrażarki i nałóż 1 łyżkę stołową ciasta matcha/masła nerkowca na wierzch zamrożonej warstwy czekolady. Jak tylko to zrobisz, polej każdą porcję roztopioną czekoladą, tak aby przykryła wszystko. Posyp solą morską i odstaw do zamrażarki na 15 minut.

4. Plastry czekolady z ciecierzycy

Składniki:

- Puszka 400 g ciecierzycy, wypłukanej, odsączonej.
- 250 g masła migdałowego.
- 70 ml syropu klonowego.
- 15 ml pasty waniliowej.
- 1 szczypta soli.
- 2 g proszku do pieczenia.
- 2 g sody oczyszczonej.
- 40 g wegańskich chipsów czekoladowych.

Wskazówki

a) Rozgrzej piekarnik do 180°C/350°F.

b) Posmaruj dużą blachę do pieczenia olejem kokosowym.

c) Połącz ciecierzycę, masło migdałowe, syrop klonowy, wanilię, sól, proszek do pieczenia i sodę oczyszczoną w blenderze.

d) Miksuj do uzyskania gładkości. Wymieszaj połowę kawałków czekolady, rozprowadź ciasto na przygotowanej formie do pieczenia.

e) Posyp zarezerwowanymi kawałkami czekolady.

f) Piecz przez 45-50 minut lub do momentu, gdy włożona wykałaczka wyjdzie czysta.

g) Schłodzić na ruszcie przez 20 minut. Pokrój i podawaj.

5. Batoniki bananowe

Składniki:

- 130 g gładkiego masła orzechowego.
- 60 ml syropu klonowego.
- 1 banan, puree.
- 45 ml wody.
- 15 g zmielonych nasion lnu.
- 95 g ugotowanej komosy ryżowej.
- 25 g nasion chia.
- 5 ml wanilii.
- 90 g szybko gotujących się płatków owsianych.
- 55 g mąki pełnoziarnistej.
- 5 g proszku do pieczenia.
- 5 g cynamonu.
- 1 szczypta soli.

Byczy:

- 5 ml roztopionego oleju kokosowego.
- 30 g posiekanej wegańskiej czekolady.

Wskazówki

a) Rozgrzej piekarnik do 180°C/350°F.

b) Blachę do pieczenia 16cm wyłożyć papierem do pieczenia.

c) W małej misce wymieszać nasiona lnu i wodę. Odstawić na 10 minut.

d) W osobnej misce wymieszać masło orzechowe, syrop klonowy i banana. Dodać mieszankę nasion lnu.

e) Gdy uzyskasz gładką mieszankę, wymieszaj komosę ryżową, nasiona chia, ekstrakt waniliowy, owies, mąkę pełnoziarnistą, proszek do pieczenia, cynamon i sól.

f) Ciasto wlać do przygotowanego naczynia do pieczenia. Pokrój na 8 batonów.

g) Piec batony przez 30 minut.

h) W międzyczasie przygotuj polewę; połącz czekoladę i olej kokosowy w żaroodpornej misce. Ustaw na gotującej się wodzie, aż się rozpuści.

i) Wyjmij batony z piekarnika. Umieść na ruszcie na 15 minut do ostygnięcia. Batony wyjąć z naczynia do pieczenia i skropić polewą czekoladową. Obsługiwać.

6. Kandyzowane kwadraty bekonu toffi

Składniki:

- 8 plastrów boczku
- ¼ szklanki jasnobrązowego cukru, mocno zapakowane
- 8 ŁYŻEK masła, zmiękczonego
- 2 ŁYŻKI masła niesolonego, zmiękczonego
- ⅓ szklanka ciemnobrązowego cukru, mocno zapakowana
- ⅓ filiżanka cukru cukierniczego
- 1½ szklanki mąki uniwersalnej
- ½ łyżeczki soli
- ½ szklanki kawałków toffi
- 1 szklanka gorzkiej czekolady
- ⅓ szklanka posiekanych migdałów

Wskazówki

a) Rozgrzej piekarnik do 350°F (180°C). W średniej misce wrzuć bekon i jasnobrązowy cukier i ułóż jedną warstwą na blasze do pieczenia.

b) Piecz przez 20-25 minut, aż bekon będzie złocisty i chrupiący. Wyjmij z piekarnika i pozostaw do ostygnięcia przez 15 do 20 minut. Pokrój na małe kawałki.

c) Zmniejsz temperaturę piekarnika do 340°F (171°C). Wyłóż blachę do pieczenia o wymiarach 9 × 13 cali (23 × 33 cm) folią aluminiową, spryskaj sprayem zapobiegającym przywieraniu i odstaw na bok.

d) W dużej misce wymieszaj masło, masło niesolone, ciemnobrązowy cukier i cukier cukierniczy mikserem elektrycznym na średnich obrotach na jasną i puszystą masę. Stopniowo dodawaj mąkę uniwersalną i sól, mieszając, aż się połączą. Dodaj ¼ szklanki kawałków toffi, aż zostaną równomiernie rozprowadzone.

e) Ciasto wycisnąć na przygotowaną patelnię i piec przez 25 minut lub na złoty kolor. Wyjąć z piekarnika, posypać wiórkami gorzkiej czekolady i pozostawić na 3 minuty lub do zmiękczenia chipsów.
f) Rozłóż na wierzchu równomiernie zmiękczoną czekoladę i posyp migdałami, kandyzowanym boczkiem i pozostałymi $\frac{1}{4}$ szklanki kawałków toffi. Pozostaw do ostygnięcia na 2 godziny lub do momentu, gdy czekolada się zetnie. Pokrój na 16 2-calowych (5 cm) kwadratów.
g) Przechowywanie: Przechowywać w hermetycznym pojemniku w lodówce do 1 tygodnia.

7. Czekoladowe batoniki białkowo-orzechowe

Porcje: 12 batonów Czas przygotowania: 1 godzina

Składniki:
- 100% czyste masło orzechowe, 250 g
- Prażone nasiona akacji, 1 ½ łyżeczki
- Beztłuszczowy jogurt naturalny, 110 g
- 100% białka serwatkowego w proszku, 100 g
- Cynamon, 1 ½ łyżeczki
- Surowe ziarna kakaowca, 4 łyżeczki
- 85% gorzka czekolada, 100 g
- Czysty ekstrakt waniliowy, 1 łyżka stołowa
- 100% białka grochu w proszku, 30 g

Wskazówki
a) Dodaj wszystkie składniki oprócz czekolady do robota kuchennego i mieszaj, aż będą gładkie.
b) Z mieszanki zrobić 12 batonów i wstawić je do lodówki na 30 minut.
c) Gdy batony będą jędrne, rozpuść czekoladę w kuchence mikrofalowej, zanurz w niej każdy batonik i dobrze obtocz.
d) Ułóż batoniki powlekane na arkuszu wyłożonym i ponownie wstaw do lodówki na 30 minut lub do momentu, gdy czekolada będzie jędrna.
e) Cieszyć się.

8. Niemieckie batony białkowe z czekoladą

Porcje: 12 batonów

Składniki:
- Owies, 1 szklanka
- Rozdrobniony kokos, ½ szklanki + ¼ szklanki, podzielony
- Białko sojowe w proszku, ½ szklanki
- Orzechy pekan, ½ szklanki + ¼ szklanki, posiekane, podzielone
- Woda, do ¼ szklanki
- Proszek kakaowy, ¼ szklanki
- Ekstrakt waniliowy, 1 łyżeczka
- Nibsy kakaowe, 2 łyżki
- Sól, ¼ łyżeczki
- Daktyle Medjool, 1 szklanka, bez pestek i moczone przez 30 minut

Wskazówki:
a) Zmiksuj płatki owsiane na drobną mąkę, a następnie dodaj kakao w proszku i białko w proszku, przerabiaj ponownie.
b) W międzyczasie odcedź daktyle i dodaj je do robota kuchennego. Pulsuj przez 30 sekund, następnie dodaj ½ szklanki posiekanego kokosa i ½ szklanki orzechów pekan, a następnie sól i wanilię.
c) Przerabiaj ponownie i stopniowo dodawaj wodę, aż uformujesz ciasto.
d) Umieść ciasto w dużej misce i dodaj pozostałe orzechy pekan i kokos, a następnie śruty kakaowe.

e) Ciasto układamy na papierze pergaminowym i przykrywamy kolejnym pergaminem i formujemy gruby kwadrat.
f) Wstaw do lodówki na 2 godziny, a następnie wyjmij pergamin i pokrój na 12 batonów o pożądanej długości.

9. Białkowe batony z potrójną czekoladą

Składniki:
- Mąka owsiana, 1 szklanka
- Soda oczyszczona, ½ łyżeczki
- Mleko migdałowe, ¼ szklanki
- Białko serwatkowe w proszku z czekolady, 1 miarka
- Mieszanka do pieczenia stewii, ¼ szklanki
- Mąka migdałowa, ¼ szklanki
- Kawałki ciemnej czekolady, 3 łyżki
- Sól, ¼ łyżeczki
- Orzechy włoskie, 3 łyżki, posiekane
- Ciemny proszek kakaowy niesłodzony, 3 łyżki
- Niesłodzony sos jabłkowy, 1/3 szklanki
- Jajko, 1
- Zwykły jogurt grecki, ¼ szklanki
- Białka w płynie, 2 łyżki
- Białko serwatkowe waniliowe w proszku, 1 miarka

Wskazówki
a) Rozgrzej piekarnik do 350 F.
b) Nasmaruj blachę do pieczenia sprayem do gotowania i odłóż na bok.
c) W dużej misce połącz obie mąki z solą, sodą oczyszczoną, obydwoma proszkami białkowymi i ciemnym proszkiem kakaowym. Trzymaj się z boku.
d) W innej misce ubij jajka ze stewią i ubij, aż dobrze się połączą, następnie dodaj pozostałe mokre składniki i ponownie ubij.

e) Stopniowo mieszaj mokrą mieszankę do suchej mieszanki i dobrze wymieszaj, aby połączyć.
f) Dodaj orzechy włoskie i wiórki czekoladowe, delikatnie je złóż.
g) Przełóż miksturę na przygotowaną patelnię i piecz przez 25 minut.
h) Ostudzić przed wyjęciem z patelni i pokrojeniem

10. Batony malinowo-czekoladowe

Składniki:
- Masło orzechowe lub migdałowe, ½ szklanki
- siemię lniane, ¼ szklanki
- Niebieska agawa, 1/3 szklanki
- Białko w proszku z czekolady, ¼ szklanki
- Maliny, ½ szklanki
- Płatki owsiane błyskawiczne, 1 szklanka

Wskazówki

a) Połącz masło orzechowe z agawą i gotuj na małym ogniu, cały czas mieszając.
b) Gdy mieszanka utworzy gładką konsystencję, dodaj ją do owsa, siemienia lnianego i białka. Dobrze wymieszaj.
c) Dodaj maliny i delikatnie złóż.
d) Przełóż ciasto na przygotowaną patelnię i zamrażaj przez godzinę.
e) Pokrój na 8 batonów, gdy są jędrne i ciesz się smakiem.

11. Musli Batony Białkowe

Składniki:

- Niesłodzone mleko migdałowe, ½ szklanki
- Miód, 3 łyżki
- Quinoa, ¼ szklanki, gotowana
- nasiona chia, 1 łyżeczka
- Mąka, 1 łyżka stołowa
- Białko w proszku czekoladowe, 2 miarki
- Chipsy czekoladowe, ¼ szklanki
- Cynamon, ½ łyżeczki
- Dojrzały banan, ½, puree
- Migdały, ¼ szklanki, pokrojone
- Musli, 1 ½ szklanki, Twojej ulubionej marki

Wskazówki

a) Rozgrzej piekarnik do 350 F.
b) W średniej misce wymieszaj mleko migdałowe z puree bananowym, nasionami chia i miodem i odstaw na bok.
c) W innej misce połącz pozostałe składniki i dobrze wymieszaj.
d) Teraz suche składniki polać mieszanką mleka migdałowego i wszystko dobrze złożyć.
e) Przełóż ciasto na patelnię i piecz przez 20-25 minut.
f) Ostudzić przed wyjęciem z patelni i pokrojeniem.

12. Bary z wiśniami z Czarnego Lasu

Składniki:

- 3 21-oz. puszki nadzienie wiśniowe, podzielone
- 18-1/2 uncji opakowania czekoladowego ciasta mix
- 1/4 szklanki oleju
- 3 jajka, ubite
- 1/4 szklanki brandy o smaku wiśniowym lub soku wiśniowego
- Opakowanie 6 uncji półsłodkich chipsów czekoladowych
- Opcjonalnie: bita polewa

Wskazówki

a) Wstaw do lodówki 2 puszki nadzienia do ciasta, aż ostygną. Używając miksera elektrycznego na niskich obrotach, ubij ze sobą pozostałą puszkę nadzienia do ciasta, suchą mieszankę do ciast, olej, jajka i brandy lub sok wiśniowy, aż będą dobrze wymieszane.
b) Wymieszać z kawałkami czekolady.
c) Wlej ciasto do lekko natłuszczonej formy do pieczenia 13"x9". Piec w 350 stopniach przez 25 do 30 minut, aż wykałaczka sprawdzi się czysta; chłod. Przed podaniem równomiernie rozłóż schłodzone nadzienie do ciasta.
d) Pokrój na batoniki i podawaj z bitą posypką, jeśli chcesz. Służy od 10 do 12.

13. Żurawinowe batoniki popcornowe

Składniki:
- 3-uncjowe opakowanie popcornu do mikrofali, wyciśnięty
- 3/4 szklanki chipsów z białej czekolady
- 3/4 szklanki słodzonej suszonej żurawiny
- 1/2 szklanki słodzonego płatka kokosowego
- 1/2 szklanki posiekanych migdałów, grubo posiekanych
- 10-uncjowe pianki marshmallow
- 3 łyżki masła

Wskazówki

a) Wyłóż blachę do pieczenia 13"x9" folią aluminiową; spryskać nieprzywierającym sprayem warzywnym i odstawić. W dużej misce wymieszaj popcorn, chipsy czekoladowe, żurawinę, kokos i migdały; odłożyć na bok. W rondlu na średnim ogniu mieszaj pianki i masło, aż się rozpuszczą i będą gładkie.

b) Zalej mieszanką popcornu i wymieszaj, aby całkowicie pokryć; szybko przenieść na przygotowaną patelnię.

c) Połóż arkusz papieru woskowanego na wierzchu; mocno dociśnij. Schłodź przez 30 minut lub do uzyskania jędrności. Podnieś pręty z patelni, używając folii jako uchwytów; odkleić folię i papier woskowany. Pokrój na paski; schłodzić dodatkowe 30 minut. Sprawia, że 16.

14. Cześć Dolly Bary

Składniki:
- 1/2 szklanki margaryny
- 1 szklanka okruchów krakersa graham
- 1 szklanka posłodzonych płatków kokosowych
- Opakowanie 6 uncji półsłodkich chipsów czekoladowych
- Opakowanie 6 uncji chipsów kajmakowych
- 14-oz. puszka słodzone mleko skondensowane
- 1 szklanka posiekanych orzechów pekan

Wskazówki

a) Wymieszaj razem margarynę i okruchy krakersów graham; wciśnij do lekko natłuszczonej formy do pieczenia o wymiarach 9"x9". Ułóż z wiórkami kokosowymi, kawałkami czekolady i chipsami toffi.

b) Wlej mleko skondensowane na wierzch; posyp orzechami pekan. Piec w 350 stopniach przez 25 do 30 minut. Ostudzić; pokroić w paski. Sprawia, że od 12 do 16.

15. Irlandzkie batoniki śmietankowe

Składniki:
- 1/2 szklanki masła, zmiękczonego
- 3/4 szklanki plus 1 łyżka mąki uniwersalnej, podzielonej
- 1/4 szklanki cukru pudru
- 2 łyżki do pieczenia kakao
- 3/4 szklanki kwaśnej śmietany
- 1/2 szklanki cukru
- 1/3 szklanki irlandzkiego likieru śmietankowego
- 1 jajko, ubite
- 1 łyżeczka ekstraktu waniliowego
- 1/2 szklanki śmietany do ubijania
- Opcjonalnie: posypka czekoladowa

Wskazówki

a) W misce wymieszaj masło, 3/4 szklanki mąki, cukier puder i kakao, aż powstanie miękkie ciasto.

b) Wciśnij ciasto do nienatłuszczonej formy do pieczenia o wymiarach 8 x 8 cali. Piec w 350 stopniach przez 10 minut.

c) W międzyczasie w osobnej misce wymieszaj pozostałą mąkę, śmietanę, cukier, likier, jajko i wanilię.

d) Dobrze wymieszaj; polać upieczoną warstwą. Wróć do piekarnika i piecz jeszcze 15 do 20 minut, aż nadzienie się zetnie.

e) Lekko ochłodzić; przechowywać w lodówce co najmniej 2 godziny przed pocięciem na batoniki. W małej misce mikserem elektrycznym na wysokich obrotach ubić śmietanę bitą na sztywną pianę.

f) Podawaj batony z kawałkami bitej śmietany i posyp, jeśli chcesz.

16. Bananowe batoniki wirowe

Składniki:
- 1/2 szklanki masła, zmiękczonego
- 1 szklanka cukru
- 1 jajko
- 1 łyżeczka ekstraktu waniliowego
- 1-1/2 szklanki bananów, puree
- 1-1/2 szklanki mąki uniwersalnej
- 1 łyżeczka proszku do pieczenia
- 1 łyżeczka sody oczyszczonej
- 1/2 tony. Sól
- 1/4 szklanki kakao do pieczenia

Wskazówki

a) W misce ubij masło i cukier; dodaj jajko i wanilię. Dobrze wymieszaj; wmieszać banany. Odłożyć na bok. W osobnej misce wymieszać mąkę, proszek do pieczenia, sodę oczyszczoną i sól; zmiksować na masło. Podziel ciasto na pół; dodaj kakao do połowy.

b) Wlej zwykłe ciasto do wysmarowanej tłuszczem formy do pieczenia 13"x9"; łyżka ciasta czekoladowego na wierzchu. Wirować nożem stołowym; piec w 350 stopniach przez 25 minut.

c) Chłodny; pokroić w paski. Sprawia, że 2-1/2 do 3 tuzinów.

17. Płatki owsiane z dyni w dowolnym momencie

Składniki:

- Jajko lniane, 1 (1 łyżka mielonego lnu wymieszana z 3 łyżkami wody)
- Płatki owsiane bezglutenowe, ¾ szklanki
- Cynamon, 1 ½ łyżeczki
- Pecan, ½ szklanki, o połowę
- Mielony imbir, ½ łyżeczki
- Cukier kokosowy, ¾ szklanki
- Sproszkowana strzała, 1 łyżka stołowa
- Mielona gałka muszkatołowa, 1/8 łyżeczki
- Czysty ekstrakt waniliowy, 1 łyżeczka
- Różowa himalajska sól morska, ½ łyżeczki
- Niesłodzone puree z dyni w puszkach, ½ szklanki
- Mąka migdałowa, ¾ szklanki
- mąka owsiana, ¾ szklanki
- Mini kawałeczki czekolady bez mlecznej czekolady, 2 łyżki stołowe
- Soda oczyszczona, ½ łyżeczki

Wskazówki

a) Rozgrzej piekarnik do 350 F.
b) Wyłóż kwadratową patelnię papierem woskowanym i odłóż na bok.
c) Połącz jajko lniane w kubku i odstaw na 5 minut.
d) Puree ubić z cukrem i dodać jajko lniane i wanilię. Pokonaj ponownie, aby połączyć.
e) Teraz dodaj sodę oczyszczoną, a następnie cynamon, gałkę muszkatołową, imbir i sól. Pokonaj dobrze.

f) Na koniec dodaj mąkę, płatki owsiane, maranta, orzechy pekan i mąkę migdałową i ubijaj, aż dokładnie się zmieszają.
g) Przełóż ciasto na przygotowaną patelnię i posyp kawałkami czekolady.
h) Piecz przez 15-19 minut.
i) Pozostaw do całkowitego ostygnięcia przed wyjęciem z patelni i pokrojeniem.

18. Czerwone aksamitne batoniki dyniowe

Składniki:
- Małe gotowane buraki, 2
- Mąka kokosowa, $\frac{1}{4}$ szklanki
- Ekologiczne masło z pestek dyni, 1 łyżka
- Mleko kokosowe, $\frac{1}{4}$ szklanki
- Serwatka waniliowa, $\frac{1}{2}$ szklanki
- 85% gorzka czekolada, stopiona

Wskazówki
a) Połącz wszystkie suche składniki razem z wyjątkiem czekolady.
b) Suche składniki wymieszać z mlekiem i dobrze związać.
c) Uformować w średniej wielkości batoniki.
d) Rozpuść czekoladę w mikrofalówce i pozwól jej ostygnąć przez kilka sekund. Teraz zanurz każdy baton w rozpuszczonej czekoladzie i dobrze obtocz.
e) Wstaw do lodówki, aż czekolada będzie twarda i twarda.
f) Cieszyć się.

19. Kora czekoladowa z kandyzowanymi orzechami pekan

Składniki:

- 2 łyżki masła
- 1 szklanka połówek orzecha pekan
- 2 łyżki jasnego lub ciemnobrązowego cukru, mocno zapakowane
- 2 szklanki chipsów z ciemnej czekolady
- 2 łyżki skrystalizowanego imbiru

Wskazówki

a) W małym rondlu na małym ogniu podgrzewaj masło przez 2-3 minuty lub do całkowitego rozpuszczenia. Dodaj połówki orzechów pekan i mieszaj przez 3 do 5 minut, aż będą pachnące i orzechowe. Mieszaj z jasnobrązowym cukrem, cały czas mieszając, przez około 1 minutę lub do momentu, gdy orzechy pekan będą równomiernie pokryte i zaczną się karmelizować. Usuń z ognia.

b) Rozłóż karmelizowane orzechy pekan na pergaminie i pozostaw do ostygnięcia. Z grubsza posiekaj orzechy pekan i odstaw na bok.

c) W podwójnym bojlerze na średnim ogniu mieszaj wiórki gorzkiej czekolady przez 5 do 7 minut lub do całkowitego rozpuszczenia.

d) Na blasze wyłożonej pergaminem posmaruj rozpuszczoną czekoladę.

e) Posyp równomiernie karmelizowanymi orzechami pekan i skrystalizowanym imbirem. Odstawić na 1 do 2 godzin lub do momentu, gdy czekolada zestali się. Pokrój lub połam korę na 6 równych kawałków.

f) Przechowywanie: Przechowywać pod przykryciem w hermetycznym pojemniku w lodówce do 6 tygodni lub w zamrażarce do 6 miesięcy.

20. Batony Crunch

Składniki

- 1 szklanka masła słonecznego (dowolna odmiana)
- 4 łyżki czystego syropu klonowego
- 3 łyżki mąki kokosowej
- 1 szklanka zmiażdżonych płatków zbożowych
- Posyp różową himalajską solą morską
- Odrobina czystego ekstraktu waniliowego Simply Organic Foods Dodatkowe masło słoneczne do wirowania na wierzchniej warstwie

OPCJONALNY

- Ciesz się kąskami z ciemnej czekolady Life Foods
- łyżka oleju kokosowego
- Dodatkowa różowa himalajska sól morska

Wskazówki

a) Połącz SunButter, syrop klonowy i ekstrakt waniliowy w robocie kuchennym. Wymieszaj mąkę kokosową, pokruszone kawałki płatków zbożowych i sól morską. Powinna powstać konsystencja ciasta. Przełożyć na wyłożoną pergaminem patelnię do brownie i równomiernie rozłożyć. Włóż do zamrażarki na 10 minut.

b) To opcjonalne, ale w międzyczasie rozpuść razem garść kawałków czekolady i odrobinę oleju kokosowego. Wyjmij patelnię z zamrażarki, posmaruj rozpuszczoną czekoladą, dodaj na wierzch kilka łyżek masła słonecznego i zamieszaj wykałaczką. Posyp solą morską i wstaw na noc z powrotem do zamrażarki.

c) Następnego dnia wyjąć, pokroić w batoniki i przechowywać w lodówce do tygodnia . . . ale są szanse, że nie potrwają tak długo.

21. Wegańskie batony

Składniki

WARSTWA KARMELOWA

- 1 szklanka mocno zapakowanych pestek daktyli namoczonych w wodzie przez noc
- 2 łyżki masła słonecznego (dowolna odmiana)
- 2 łyżki oleju kokosowego
- 2 łyżeczki soli morskiej
- 2 łyżki syropu yacon (lub miodu, jeśli nie wegański)
- Surowe orzechy nerkowca

BAZA

- 1 szklanka białka waniliowego Nuzest USA
- 1 szklanka mąki owsianej
- 2 łyżki masła słonecznego (dowolna odmiana)
- 2 łyżki oleju kokosowego
- 3/4 szklanki wody

POWŁOKA

- Czekolada do wyboru

Wskazówki

a) Odcedź daktyle i zachowaj wodę do namaczania. Zmiksuj wszystkie składniki karmelowe (z wyjątkiem orzechów nerkowca) w blenderze, aż będą gładkie. (Nie używaj wody daktylowej.) Odłóż na bok.

b) W dużej misce wymieszaj Nuzest USA i mąkę owsianą.

c) Rozpuść SunButter i olej kokosowy razem, a następnie dodaj je do mieszanki mąki. Dobrze wymieszaj, następnie dodaj zarezerwowaną wodę z daktyli i ponownie wymieszaj. Powinieneś mieć przyjemną konsystencję ciasta.

d) Wyłóż naczynie lub blachę do pieczenia woskiem lub papierem do pieczenia, aby ułatwić ich usunięcie, a następnie wciśnij ciasto do naczynia. Posyp ciasto wybraną ilością orzechów nerkowca, a następnie polej je karmelem.

e) Wstaw do lodówki na kilka godzin, aż karmel stwardnieje. Pokrój w pożądany kształt/rozmiar i pokryj lub polej każdy kawałek rozpuszczoną czekoladą. Przechowywać w lodówce lub zamrażarce.

22. Czekoladowe batony proteinowe z kokosem

Składniki

- 1 szklanka pestek daktyli
- 1/2 szklanki masła słonecznego
- 1/2 szklanki mąki kokosowej
- 1/4 szklanki plus 3 łyżki czekoladowego proszku białkowego pochodzenia roślinnego
- 1/4 szklanki niesłodzonego musu jabłkowego
- 3 łyżki nasion chia
- odrobina soli

Wskazówki

a) Dodaj wszystkie składniki do robota kuchennego i pulsuj, aż powstanie ciasto.

b) Wciśnij do formy do chleba, zamrażaj przez 1 do 2 godzin, a następnie pokrój na tyle batonów, ile chcesz!

23. Bary Konfetti

Składniki

KRÓWKI WARSTWA

- 2 szklanki przyjaznych dla alergików kwadratowych precli
- 1/2 szklanki tłuszczu przyjaznego dla alergików
- 1/2 szklanki masła słonecznego (dowolna odmiana)
- 2 szklanki cukru pudru

CZEKOLADOWA WARSTWA MARSHMALLOW

- 1 szklanka przyjaznych dla alergików chipsów czekoladowych
- 1 przepełniona filiżanka mini pianek marshmallow

WARSTWA ZRASZANIA

- 1 wegański baton z białej czekolady
- Posiekane tęczowe posypki

Wskazówki

a) Wyłóż patelnię o wymiarach 9x9 cali pergaminem lub papierem woskowanym. Wytnij szczeliny w każdym rogu, aby papier leżał płasko na bokach. Rozłóż jedną warstwę precli równomiernie na dnie patelni.

b) Dodaj tłuszcz piekarski i masło SunButter do miski przeznaczonej do kuchenki mikrofalowej. Mikrofaluj przez 1 minutę i mieszaj. Dodaj cukier puder do miski i dobrze wymieszaj. Powoli polej precle mieszanką SunButter, przykrywając każdy z nich. Włóż patelnię do zamrażarki, wykonując kolejny krok.

c) Włóż czekoladę do średniej wielkości miski, którą można używać w kuchence mikrofalowej. Mikrofale w odstępach co 40 sekund i mieszaj, aż czekolada całkowicie się rozpuści. Dodaj pianki do miski i wymieszaj, aby pokryć czekoladą. Wyjmij patelnię z zamrażarki i wylej mieszankę czekoladowego marshmallow na wierzch warstwy SunButter równomiernie rozprowadzając ją. Dodaj zwykłe pianki między czekoladowymi piankami, aby wypełnić wszelkie dziury.

d) Dodaj posiekaną, wegańską tabliczkę z białej czekolady do małej miski, którą można bezpiecznie używać w kuchence mikrofalowej. Mikrofale w odstępach co 40 sekund i mieszaj, aż całkowicie się rozpuści. Polej rozpuszczoną białą czekoladą masę SunButter i posyp tęczową posypką. Schłodź batony w lodówce lub zamrażarce do całkowitego zestalenia. Pokrój na 1-calowe batoniki i przechowuj w szczelnie zamykanym pojemniku w lodówce.

24. Solone batoniki karmelowe z orzechów nerkowca

Składniki:
- 2 filiżanki mąki uniwersalnej
- ½ łyżeczki proszku do pieczenia
- ½ łyżeczki soli
- 12 łyżek masła w temperaturze pokojowej
- 6 łyżek niesolonego masła, pokrojonego na kawałki
- 1 szklanka jasnobrązowego cukru, mocno zapakowana
- 1 duże jajko
- 3 łyżeczki ekstraktu waniliowego
- 1½ szklanki cukru pudru
- 1 szklanka gęstej śmietany
- 2 szklanki solonych, prażonych orzechów nerkowca

a) Rozgrzej piekarnik do 340°F (171°C). Wyłóż blachę do pieczenia o wymiarach 9 × 13 cali (23 × 33 cm) papierem do pieczenia i odłóż na bok. W małej misce wymieszaj mąkę uniwersalną, proszek do pieczenia i ¼ łyżeczki soli. Odłożyć na bok.

b) W średniej misce wymieszaj 6 łyżek masła, niesolonego masła i jasnobrązowego cukru mikserem elektrycznym na średnich obrotach przez 5 minut, aż będzie jasna i puszysta. Dodaj jajko i 1 łyżeczkę ekstraktu waniliowego i ubijaj przez 2 minuty na niskich obrotach, aż się połączą.

c) Dodaj mieszankę mąki i ubijaj na średnich obrotach przez 2 do 3 minut. Do przygotowanej patelni wciśnij ciasto. Schłodź przez 30 minut.

d) Na średniej patelni, na średnim ogniu, podgrzej cukier granulowany. Gdy zobaczysz, że cukier zaczyna się barwić, mieszaj, aż stanie się jasnobrązowy, około 5 do 7 minut. Ostrożnie dodaj gęstą śmietanę i mieszaj, aż będzie gładka.

e) Zmniejsz ogień i dodaj pozostałe 6 łyżek masła, pozostałe 2 łyżeczki ekstraktu waniliowego i pozostałą $\frac{1}{4}$ łyżeczki soli. Mieszaj, aż masło się rozpuści i zdejmij z ognia.
f) Wymieszaj orzechy nerkowca z mieszanką karmelową. Wlej mieszankę karmelowo-nerkowcową na patelnię na schłodzoną skórkę. Piecz przez 20 minut, aż stwardnieje. Pozostawić do ostygnięcia przed cięciem.

25. Karmelki pistacjowe

Składniki:

- ½ szklanki masła
- 2 szklanki ciemnobrązowego cukru, mocno zapakowane
- ½ szklanki ciemnego syropu kukurydzianego
- 2 szklanki gęstej śmietany
- ¼ łyżeczki soli
- 1 szklanka posiekanych pistacji, prażonych
- 2 łyżeczki ekstraktu waniliowego

Wskazówki

a) Wyłóż 8-calową (20 cm) kwadratową patelnię folią aluminiową, spryskaj nieprzywierającym sprayem do gotowania i odstaw na bok.

b) W średnim rondlu na małym ogniu roztop masło. Dodaj ciemnobrązowy cukier, ciemny syrop kukurydziany, 1 szklankę gęstej śmietany i sól. Doprowadzić do wrzenia, od czasu do czasu mieszając, przez 12 do 15 minut lub aż mieszanina osiągnie 225°F (110°C) na termometrze cukierkowym.

c) Powoli dodaj pozostałą 1 szklankę ciężkiej śmietany. Doprowadź mieszaninę do wrzenia i gotuj jeszcze przez 15 minut lub aż osiągnie 250°F (120°C). Zdejmij z ognia i dodaj pistacje oraz ekstrakt waniliowy. Wlej do przygotowanej patelni.

d) Schłodzić przez co najmniej 3 godziny przed wyjęciem z folii i pokrojeniem na 48 kawałków.

e) Pokrój papier woskowany na 48 kwadratów o średnicy 7,5 cm. Umieść każdy karmel na środku kwadratu z papieru woskowanego, zwiń papier wokół karmelu i przekręć końce papieru.

26. Kluczowe kwadraciki limonki

Składniki:
- 4 łyżki niesolonego masła w temperaturze pokojowej
- 4 łyżki masła w temperaturze pokojowej
- ½ szklanki cukru cukierniczego
- 2 filiżanki plus 5 łyżek mąki uniwersalnej
- 1 łyżeczka ekstraktu waniliowego
- Szczypta soli
- 4 duże jajka, lekko ubite
- 1¾ szklanki cukru pudru
- ¼ szklanki kluczowego soku z limonki
- 1 łyżki startej skórki z limonki

Wskazówki

1. Rozgrzej piekarnik do 340°F (171°C). Lekko pokryj blachę do pieczenia o wymiarach 9 × 13 cali (23 × 33 cm) nieprzywierającym sprayem do gotowania i odstaw na bok.
2. W dużej misce ubijaj niesolone masło, masło i cukier cukierniczy mikserem elektrycznym na średnich obrotach przez 3-4 minuty lub do uzyskania lekkiej i puszystej konsystencji.
3. Dodaj mąkę uniwersalną, ekstrakt waniliowy i sól i mieszaj jeszcze przez 2 do 3 minut lub aż dobrze się połączą.
4. Wciśnij ciasto na dno przygotowanej patelni. Piecz przez 20 do 23 minut, aż się zarumieni. Pozostaw skórkę do ostygnięcia przez 10 minut.
5. W dużej misce wymieszaj jajka i cukier puder. Dodaj sok z limonki Key i skórkę z limonki i dobrze wymieszaj.
6. Wlej mieszankę na schłodzoną skórkę i piecz przez 23 do 25 minut lub do zastygnięcia. Całkowicie ostudź przed pocięciem na 12 kwadratów.

7. Przechowywanie: Przechowywać szczelnie w plastikowej folii w lodówce do 5 dni.

27. Kandyzowane kwadraty bekonu toffi

Składniki:

- 8 plastrów boczku
- ¼ szklanki jasnobrązowego cukru, mocno zapakowane
- 8 łyżek masła, zmiękczonego
- 2 łyżki masła niesolonego, zmiękczonego
- ⅓ szklanka ciemnobrązowego cukru, mocno zapakowana
- ⅓ filiżanka cukru cukierniczego
- 1½ szklanki mąki uniwersalnej
- ½ łyżeczki soli
- ½ szklanki kawałków toffi
- 1 szklanka gorzkiej czekolady
- ⅓ szklanka posiekanych migdałów

Wskazówki

a) Rozgrzej piekarnik do 350°F (180°C). W średniej misce wrzuć bekon i jasnobrązowy cukier i ułóż jedną warstwą na blasze do pieczenia.

b) Piecz przez 20-25 minut, aż bekon będzie złocisty i chrupiący. Wyjmij z piekarnika i pozostaw do ostygnięcia przez 15 do 20 minut. Pokrój na małe kawałki.

c) Zmniejsz temperaturę piekarnika do 340°F (171°C). Wyłóż blachę do pieczenia o wymiarach 9 × 13 cali (23 × 33 cm) folią aluminiową, spryskaj sprayem zapobiegającym przywieraniu i odstaw na bok.

d) W dużej misce wymieszaj masło, masło niesolone, ciemnobrązowy cukier i cukier cukierniczy mikserem elektrycznym na średnich obrotach na jasną i puszystą masę. Stopniowo dodawaj mąkę uniwersalną i sól, mieszając, aż się połączą. Dodaj ¼ szklanki kawałków toffi, aż zostaną równomiernie rozprowadzone.

e) Ciasto wycisnąć na przygotowaną patelnię i piec przez 25 minut lub na złoty kolor. Wyjąć z piekarnika, posypać wiórkami gorzkiej czekolady i pozostawić na 3 minuty lub do zmiękczenia chipsów.
f) Rozłóż na wierzchu równomiernie zmiękczoną czekoladę i posyp migdałami, kandyzowanym boczkiem i pozostałymi $\frac{1}{4}$ szklanki kawałków toffi. Pozostaw do ostygnięcia na 2 godziny lub do momentu, gdy czekolada się zetnie. Pokrój na 16 2-calowych (5 cm) kwadratów.
g) Przechowywanie: Przechowywać w hermetycznym pojemniku w lodówce do 1 tygodnia.

28. Karmelowe batoniki orzechowe Dream

Składniki:
- 1 pudełko żółte ciasto mix
- 3 łyżki zmiękczonego masła
- 1 jajko
- 14 uncji słodzonego skondensowanego mleka
- 1 jajko
- 1 łyżeczka czystego ekstraktu waniliowego
- 1/2 szklanki drobno zmielonych orzechów włoskich
- 1/2 szklanki drobno zmielonych kawałków toffi

Wskazówki:
a) Rozgrzej piekarnik do 350. Przygotuj prostokątną formę do ciasta z sprayem do gotowania, a następnie odstaw na bok.
b) Połącz masę do ciasta, masło i jedno jajko w misce, a następnie wymieszaj, aż się kruszą. Wciśnij mieszaninę na dno przygotowanej patelni, a następnie odstaw na bok.
c) W drugiej misce wymieszaj mleko, pozostałe jajko, ekstrakt, orzechy włoskie i kawałki toffi.
d) Dobrze wymieszaj i zalej bazę na patelni. Piecz przez 35 minut.

29. Przewlekłe batony z orzechami pekan

- 2 szklanki połówek orzecha pekan
- 1 szklanka mąki manioku
- 1/2 szklanki złotego mączki lnianej
- 1/2 szklanki niesłodzonego rozdrobnionego orzecha kokosowego
- 1/2 szklanki oleju kokosowego
- 1/4 szklanki miodu
- 1/4 łyżeczki płynnej stewii

Wskazówki

1. Odmierz 2 szklanki połówek orzecha pekan i piecz przez 6-8 minut w piekarniku. Akurat do momentu, gdy zaczną pachnieć.
2. Wyjmij orzechy z piekarnika, a następnie włóż do plastikowej torby. Użyj wałka do ciasta, aby zmiażdżyć je na kawałki. Konsystencja nie ma większego znaczenia,

3. Wymieszaj suche składniki w misce: 1 szklanka Mąki Z Manioku, 1/2 szklanki Złotego Siemienia Lnianego i 1/2 szklanki Niesłodzonego Rozdrobnionego Kokosu.
4. Dodaj pokruszone orzechy do miski i ponownie wymieszaj.
5. Na koniec dodaj 1/2 szklanki oleju kokosowego, 1/4 szklanki miodu i 1/4 łyżeczki płynnej stewii. Dobrze wymieszaj, aż powstanie kruche ciasto.
6. Ciasto przełożyć do naczynia żaroodpornego.
7. Piecz przez 20-25 minut w temperaturze 350F lub do momentu, aż brzegi się lekko zrumienią.
8. Wyjmij z piekarnika; pozostawić do częściowego schłodzenia i zamrażania przez co najmniej 1 godzinę.
9. Pokrój na 12 plastrów i wyjmij łopatką.

30. Masło migdałowe chia

Składniki

- 1/2 szklanki surowych migdałów
- 1 łyżka stołowa + 1 łyżeczka oleju kokosowego
- Łyżki TERAZ Erytrytol
- 2 łyżki masła
- 1/4 szklanki ciężkiej śmietany
- 1/4 łyżeczki płynnej stewii
- 1 1/2 łyżeczki ekstraktu waniliowego

Wskazówki

1. Dodaj 1/2 szklanki surowych migdałów na patelnię i opiekaj przez około 7 minut na średnim ogniu. Wystarczy, że zaczniesz czuć wychodzący orzechowy zapach.
2. Dodaj orzechy do robota kuchennego i zmiel je.
3. Gdy osiągną mączystą konsystencję, dodaj 2 łyżki stołowe NOW Erytrytolu i 1 łyżeczkę oleju kokosowego.
4. Kontynuuj mielenie migdałów, aż powstanie masło migdałowe. Masło się zrumieni.
5. Gdy masło się zrumieni, dodaj do masła 1/4 szklanki ciężkiej śmietanki, 2 łyżki stołowe erytrytolu, 1/4 łyżeczki płynnej stewii i 1 1/2 łyżeczki ekstraktu waniliowego. Zmniejsz ogień i dobrze wymieszaj, aż śmietana zacznie bąbelkować.
6. Zmiel 1/4 szklanki nasion Chia w młynku do przypraw, aż powstanie proszek.
7. Rozpocznij opiekanie nasion chia i 1/2 szklanki niesłodzonych rozdrobnionych płatków kokosowych na patelni na średnim poziomie. Chcesz, żeby kokos był tylko lekko brązowy.

8. Do masy masła i śmietanki dodać masło migdałowe i dobrze wymieszać. Gotuj na pastę.
9. W kwadratowej (lub dowolnej wielkości) naczyniu do pieczenia dodaj mieszankę masła migdałowego, prażonej chia i mieszanki kokosowej oraz 1/2 szklanki kremu kokosowego. Możesz dodać krem kokosowy na patelnię, aby lekko go rozpuścić przed dodaniem.
10. Dodaj 1 łyżkę oleju kokosowego i 2 łyżki mąki kokosowej i wszystko dobrze wymieszaj.
11. Palcami dobrze zapakuj mieszankę do naczynia do pieczenia.
12. Mieszankę przechowywać w lodówce przez co najmniej godzinę, a następnie wyjąć z naczynia do pieczenia. Powinno teraz zachować formę.
13. Pokrój miksturę na kwadraty lub w dowolny kształt i wstaw z powrotem do lodówki na co najmniej kilka godzin. Możesz użyć nadmiaru mieszanki, aby uformować więcej kwadratów, ale zamiast tego zjadłem.
14. Wyjąć i przekąsić, jak chcesz!

31. Czekoladowe batoniki białkowo-orzechowe

Porcje: 12 batonów

Składniki:

- 100% czyste masło orzechowe, 250 g
- Prażone nasiona akacji, 1 ½ łyżeczki
- Beztłuszczowy jogurt naturalny, 110 g
- 100% białka serwatkowego w proszku, 100 g
- Cynamon, 1 ½ łyżeczki
- Surowe ziarna kakaowca, 4 łyżeczki
- 85% gorzka czekolada, 100 g
- Czysty ekstrakt waniliowy, 1 łyżka stołowa
- 100% białka grochu w proszku, 30 g

Wskazówki

a) Dodaj wszystkie składniki oprócz czekolady do robota kuchennego i mieszaj, aż będą gładkie.
b) Z mieszanki zrobić 12 batonów i wstawić je do lodówki na 30 minut.
c) Gdy batony będą jędrne, rozpuść czekoladę w kuchence mikrofalowej, zanurz w niej każdy batonik i dobrze obtocz.
d) Ułóż batoniki powlekane na arkuszu wyłożonym i ponownie wstaw do lodówki na 30 minut lub do momentu, gdy czekolada będzie jędrna.
e) Cieszyć się.

32. Niemieckie batony białkowe z czekoladą

Porcje: 12 batonów

Składniki:
- Owies, 1 szklanka
- Rozdrobniony kokos, ½ szklanki + ¼ szklanki, podzielony
- Białko sojowe w proszku, ½ szklanki
- Orzechy pekan, ½ szklanki + ¼ szklanki, posiekane, podzielone
- Woda, do ¼ szklanki
- Proszek kakaowy, ¼ szklanki
- Ekstrakt waniliowy, 1 łyżeczka
- Nibsy kakaowe, 2 łyżki
- Sól, ¼ łyżeczki
- Daktyle Medjool, 1 szklanka, bez pestek i moczone przez 30 minut

Wskazówki

a) Zmiksuj płatki owsiane na drobną mąkę, a następnie dodaj kakao w proszku i białko w proszku, przerabiaj ponownie.

b) W międzyczasie odcedź daktyle i dodaj je do robota kuchennego. Pulsuj przez 30 sekund, następnie dodaj ½ szklanki posiekanego kokosa i ½ szklanki orzechów pekan, a następnie sól i wanilię.

c) Przerabiaj ponownie i stopniowo dodawaj wodę, aż uformujesz ciasto.

d) Umieść ciasto w dużej misce i dodaj pozostałe orzechy pekan i kokos, a następnie śruty kakaowe.

e) Ciasto układamy na papierze pergaminowym i przykrywamy kolejnym pergaminem i formujemy gruby kwadrat.

f) Wstaw do lodówki na 2 godziny, a następnie wyjmij pergamin i pokrój na 12 batonów o pożądanej długości.

33. Batony proteinowe Blueberry Bliss

Składniki:

- 100% czysty, niezanieczyszczony płatek owsiany, 1 + ½ filiżanki
- Pepitas, 1/3 szklanki
- Całe migdały, ¾ szklanki
- Niesłodzony sos jabłkowy ¼ szklanki
- Suszone jagody, ½ czubatej filiżanki
- Nasiona słonecznika, ¼ szklanki
- Masło migdałowe, 1 szklanka
- Syrop klonowy, 1/3 szklanki
- Orzechy włoskie, 1/3 szklanki
- Pistacje, ½ szklanki
- Siemię lniane mielone, 1/3 szklanki

Wskazówki

a) Wyłóż blachę do pieczenia papierem woskowanym i odłóż na bok.
b) W dużej misce wymieszać płatki owsiane, migdały, pestki słonecznika, suszone jagody, orzechy włoskie, pistacje, siemię lniane i pepitę.
c) Skrop sos jabłkowy i syrop klonowy na wierzchu i dobrze wymieszaj.
d) Teraz dodaj masło i dobrze wymieszaj.
e) Przełóż ciasto na patelnię i wyrównaj od góry.
f) Zamroź na godzinę. Gdy mieszanina jest całkowicie stężona, odwróć ją na ladę.
g) Pokrój w pożądane zagęszczenie i długość na 16 batonów.

34. Batony proteinowe z masłem orzechowym z kawałkami czekolady

Składniki:
- Mąka kokosowa, ¼ szklanki
- Stewia z kremem waniliowym, 1 łyżeczka
- Mąka arachidowa, 6 łyżek
- Ekstrakt waniliowy, 1 łyżeczka
- Sól, ¼ łyżeczki
- Miniaturowe chipsy czekoladowe, 1 łyżka stołowa
- Olej kokosowy, 1 łyżeczka, lekko roztopiony i schłodzony
- Izolat białka sojowego, 6 łyżek
- Niesłodzone mleko nerkowca, ½ szklanki + 2 łyżki

Wskazówki

a) Wyłóż bochenek papierem woskowanym. Trzymaj się z boku.
b) Połącz obie mąki z białkiem sojowym i solą.
c) W drugiej misce wymieszaj mleko kokosowe ze stewią, mlekiem nerkowca i wanilią. Wlewaj tę mieszankę stopniowo do mieszanki mąki i dobrze wymieszaj, aby się połączyć.
d) Teraz dodaj ½ kawałków czekolady i delikatnie włóż je do masy.
e) Przenieś miksturę do przygotowanej formy bochenkowej i rozprowadź równomiernie za pomocą szpatułki.
f) Na wierzch z pozostałymi kawałkami czekolady i zamrażaj przez 3 godziny.
g) Pokrój na żądaną grubość i długość.

35. Surowe batony białkowe z nasion dyni

Składniki:
- Daktyle Medjool, ½ szklanki, bez pestek
- Ekstrakt waniliowy, ½ łyżeczki
- Pestki dyni, ¼ szklanki
- Sól, ¼ łyżeczki
- Cynamon, ½ łyżeczki
- Masło z nasion konopi, ½ szklanki
- gałka muszkatołowa, ¼ łyżeczki
- Woda, ¼ szklanki
- Surowe płatki owsiane, 2 filiżanki
- Nasiona Chia, 2 łyżki

Wskazówki

a) Wyłóż blachę do pieczenia pergaminem i odstaw na bok. Namocz daktyle przez 30 minut, a następnie zmiksuj na gładką masę.

b) Przełóż miksturę do miski, dodaj masło konopne i dobrze wymieszaj.

c) Teraz dodaj pozostałe składniki i delikatnie zmieszaj, aby dobrze się wkomponowały.

d) Przełóż na patelnię i wyrównaj za pomocą szpatułki.

e) Wstawić do lodówki na 2 godziny, a następnie pokroić na 16 batonów.

36. Białkowe batoniki chrupiące imbirowo-waniliowe

Składniki:
- Masło, 2 łyżki
- Owies, 1 szklanka
- Surowe migdały, ½ szklanki, posiekane
- Mleko kokosowe, ¼ szklanki
- Rozdrobniony kokos, ¼ szklanki
- Proszek białkowy (waniliowy), 2 miarki
- Syrop klonowy, ¼ szklanki
- Krystalizowany imbir, ½ szklanki, posiekany
- Płatki kukurydziane, 1 szklanka, utarte na duże okruchy
  Nasiona słonecznika, ¼ szklanki

Wskazówki

a) Rozpuść masło na patelni i dodaj syrop klonowy. Dobrze wymieszać.

b) Dodaj mleko, a następnie białko w proszku i dobrze wymieszaj, aby połączyć. Gdy mieszanina zmieni się w gładką konsystencję, wyłącz ogień.

c) Do dużej miski dodaj pestki słonecznika, migdały, płatki owsiane, płatki kukurydziane i kawałków imbiru.

d) Wylej mieszankę na suche składniki i dobrze wymieszaj.

e) Przełożyć do przygotowanej formy bochenek papieru woskowanego i rozprowadzić równą warstwą.

f) Udekoruj pozostałym imbirem i kokosem. Piecz przez 20 minut w temperaturze 325 F. Pozwól mu ostygnąć przed pokrojeniem.

37. Precel z masłem orzechowym

Składniki:

- Chipsy sojowe, 5 filiżanek
- Woda, ½ szklanki
- Mini twisty z precla, 6, grubo posiekane
- Masło orzechowe w proszku, 6 łyżek
- Orzeszki ziemne, 2 łyżki, grubo posiekane
- Białko sojowe w proszku, 6 łyżek
- Chipsy z masła orzechowego, 2 łyżki, przekrojona na pół
  Agawa, 6 łyżek

Wskazówki

a) Spryskaj blachę do pieczenia sprayem do gotowania i odłóż na bok.
b) Zmiksuj chipsy sojowe w robocie kuchennym i dodaj do miski.
c) Dodaj białko w proszku i wymieszaj.
d) Podgrzej rondel i dodaj wodę, agawę i masło w proszku. Mieszaj gotując na średnim ogniu przez 5 minut. Następnie gotuj mieszaninę przez kilka sekund i mieszaj mieszankę sojową, cały czas mieszając.
e) Przenieś miksturę na przygotowaną patelnię i przykryj precelkami, orzeszkami ziemnymi i chipsami z masła orzechowego.
f) Wstawić do lodówki do twardości. Pokrój w batony i ciesz się.

38. Batony proteinowe żurawinowo-migdałowe

.Składniki:

- Prażone migdały z solą morską, 2 szklanki
- Niesłodzone płatki kokosowe, ½ szklanki
- Dmuchane płatki ryżowe, 2/3 szklanki
- Ekstrakt waniliowy, 1 łyżeczka
- Suszona żurawina, 2/3 szklanki
- Nasiona konopi, 1 czubata łyżka stołowa
- Syrop z brązowego ryżu, 1/3 szklanki miodu, 2 łyżki

Wskazówki

a) Połącz migdały z żurawiną, nasionami konopi, płatkami ryżowymi i kokosem. Trzymaj się z boku.
b) W rondelku dodaj miód, a następnie syrop waniliowy i ryżowy. Mieszaj i gotuj przez 5 minut.
c) Polej sosem suche składniki i szybko wymieszaj, aby połączyć.
d) Przenieś mieszaninę na przygotowaną blachę do pieczenia i rozprowadź równą warstwą.
e) Wstaw do lodówki na 30 minut.
f) Po ustawieniu pokrój je w batony o pożądanej wielkości i ciesz się.

39. Białkowe batony z potrójną czekoladą

Składniki:

- Mąka owsiana, 1 szklanka
- Soda oczyszczona, ½ łyżeczki
- Mleko migdałowe, ¼ szklanki
- Białko serwatkowe w proszku z czekolady, 1 miarka
- Mieszanka do pieczenia stewii, ¼ szklanki
- Mąka migdałowa, ¼ szklanki
- Kawałki ciemnej czekolady, 3 łyżki
- Sól, ¼ łyżeczki
- Orzechy włoskie, 3 łyżki, posiekane
- Ciemny proszek kakaowy niesłodzony, 3 łyżki
- Niesłodzony sos jabłkowy, 1/3 szklanki
- Jajko, 1
- Zwykły jogurt grecki, ¼ szklanki
- Białka w płynie, 2 łyżki
- Białko serwatkowe waniliowe w proszku, 1 miarka

Wskazówki

a) Rozgrzej piekarnik do 350 F.
b) Nasmaruj blachę do pieczenia sprayem do gotowania i odłóż na bok.
c) W dużej misce połącz obie mąki z solą, sodą oczyszczoną, obydwoma proszkami białkowymi i ciemnym proszkiem kakaowym. Trzymaj się z boku.
d) W innej misce ubij jajka ze stewią i ubij, aż dobrze się połączą, następnie dodaj pozostałe mokre składniki i ponownie ubij.

e) Stopniowo mieszaj mokrą mieszankę do suchej mieszanki i dobrze wymieszaj, aby połączyć.
f) Dodaj orzechy włoskie i wiórki czekoladowe, delikatnie je złóż.
g) Przełóż miksturę na przygotowaną patelnię i piecz przez 25 minut.
h) Ostudzić przed wyjęciem z patelni i pokrojeniem

40. Batony malinowo-czekoladowe

Składniki:

- Masło orzechowe lub migdałowe, ½ szklanki
- siemię lniane, ¼ szklanki
- Niebieska agawa, 1/3 szklanki
- Białko w proszku z czekolady, ¼ szklanki
- Maliny, ½ szklanki
- Płatki owsiane błyskawiczne, 1 szklanka

Wskazówki

a) Połącz masło orzechowe z agawą i gotuj na małym ogniu, cały czas mieszając.
b) Gdy mieszanka utworzy gładką konsystencję, dodaj ją do owsa, siemienia lnianego i białka. Dobrze wymieszaj.
c) Dodaj maliny i delikatnie złóż.
d) Przełóż ciasto na przygotowaną patelnię i zamrażaj przez godzinę.
e) Pokrój na 8 batonów, gdy są jędrne i ciesz się smakiem.

41. Batoniki z masłem orzechowym

Składniki:

- Płatki owsiane, ¼ szklanki
- Masło orzechowe, 3 łyżki
- Proszek białkowy, ½ szklanki
- Sól, szczypta
- Duże daktyle Medjool, 10
- Surowe orzechy nerkowca, 1 szklanka
- Syrop klonowy, 2 łyżki Całe orzeszki ziemne do dekoracji

Wskazówki

a) Płatki owsiane w robocie kuchennym na drobną mąkę.
b) Teraz dodaj wszystkie składniki z wyjątkiem całych orzeszków ziemnych i miksuj, aż będą gładkie.
c) Smakuj i wprowadzaj dowolne poprawki, jeśli chcesz.
d) Przełóż miksturę na bochenek i przykryj całymi orzeszkami ziemnymi.
e) Wstaw do lodówki na 3 godziny. Gdy masa będzie twarda, połóż ją na blacie kuchennym i pokrój na 8 batonów o pożądanej długości.

42. Musli Batony Białkowe

Składniki:

- Niesłodzone mleko migdałowe, ½ szklanki
- Miód, 3 łyżki
- Quinoa, ¼ szklanki, gotowana
- nasiona chia, 1 łyżeczka
- Mąka, 1 łyżka stołowa
- Białko w proszku czekoladowe, 2 miarki
- Chipsy czekoladowe, ¼ szklanki
- Cynamon, ½ łyżeczki
- Dojrzały banan, ½, puree
- Migdały, ¼ szklanki, pokrojone
- Musli, 1 ½ szklanki, Twojej ulubionej marki

Wskazówki

a) Rozgrzej piekarnik do 350 F.
b) W średniej misce wymieszaj mleko migdałowe z puree bananowym, nasionami chia i miodem i odstaw na bok.
c) W innej misce połącz pozostałe składniki i dobrze wymieszaj.
d) Teraz suche składniki polać mieszanką mleka migdałowego i wszystko dobrze złożyć.
e) Przełóż ciasto na patelnię i piecz przez 20-25 minut.
f) Ostudzić przed wyjęciem z patelni i pokrojeniem.

43. Batony proteinowe z ciasta marchewkowego

Składniki:

Dla barów:

- Mąka owsiana, 2 szklanki
- Mleko bezmleczne, 1 łyżka stołowa
- Przyprawa mieszana, 1 łyżeczka
- Białko waniliowe, ½ szklanki
- Marchewki, ½ szklanki, puree
- Cynamon, 1 łyżka stołowa
- Mąka kokosowa, ½ szklanki, przesiana
- Syrop z brązowego ryżu, ½ szklanki
- Słodzik granulowany do wyboru, 2 łyżki
- Masło migdałowe, ¼ szklanki

Do lukru:

- Białko waniliowe w proszku, 1 miarka
- Mleko kokosowe, 2-3 łyżki
- Serek śmietankowy, ¼ szklanki

Wskazówki

a) Aby przygotować batony proteinowe, połącz mąkę z mieszanką przypraw, proszkiem proteinowym, cynamonem i słodzikiem.
b) W innym, ale mieszaj masło z płynnym słodzikiem i mikrofalówką przez kilka sekund, aż się rozpuści.
c) Przenieś tę mieszankę do miski z mąką i dobrze wymieszaj.
d) Teraz dodaj marchewki i delikatnie złóż.
e) Teraz stopniowo dodawaj mleko, cały czas mieszając, aż do uzyskania wymaganej konsystencji.

f) Przełóż na przygotowaną patelnię i wstaw do lodówki na 30 minut.
g) W międzyczasie przygotuj lukier i połącz białko w proszku z serkiem śmietankowym.
h) Stopniowo dodawać mleko i dobrze wymieszać, aby uzyskać pożądaną konsystencję.
i) Gdy mieszanina się zwiąże, pokrój na batoniki o pożądanej długości i nałóż lukier na każdy batonik.

44. Batoniki z pomarańczą i jagodami Goji

Składniki:

- Białko serwatkowe waniliowe, ½ szklanki
- skórka pomarańczowa, 1 łyżka stołowa, starta
- Zmielone migdały, ¾ szklanki
- 85% gorzka czekolada, 40 g, roztopiona
- Mleko kokosowe, ¼ szklanki
- Mąka kokosowa, ¼ szklanki
- Chili w proszku, 1 łyżeczka
- Esencja waniliowa, 1 łyżka stołowa
- Jagody Goji, ¾ szklanki

Wskazówki

a) W misce wymieszaj proszek proteinowy z mąką kokosową.
b) Dodaj pozostałe składniki do mieszanki mąki.
c) Wymieszaj mleko i dobrze wymieszaj.
d) Formujemy z ciasta kształty batoników i układamy na blasze.
e) Rozpuść czekoladę i schłódź przez kilka minut, a następnie zanurz każdy baton w roztopionej czekoladzie i ułóż na blasze do pieczenia.
f) Wstaw do lodówki, aż czekolada będzie całkowicie twarda.
g) Cieszyć się.

45. Truskawkowy batonik proteinowy z dojrzałych truskawek

Składniki:

- Truskawki liofilizowane, 60 g
- Wanilia, ½ łyżeczki
- Niesłodzony wiórek kokosowy, 60 g
- Niesłodzone mleko migdałowe, 60 ml
- Bezsmakowe białko serwatkowe w proszku, 60 g Ciemna czekolada, 80 g

Wskazówki

a) Suszone truskawki zmiksuj, aż zmielą, a następnie dodaj serwatkę, wanilię i kokos. Przetwarzaj ponownie, aż utworzy się drobno zmielona mieszanina.
b) Wymieszaj mleko w mieszance i mieszaj, aż wszystko się dobrze połączy.
c) Wyłóż bochenek papierem woskowanym i przenieś do niego mieszaninę.
d) Użyj szpatułki, aby równomiernie rozprowadzić mieszankę.
e) Wstaw do lodówki, aż mieszanina się zetnie.
f) Gorzka czekolada w kuchence mikrofalowej przez 30 sekund. Dobrze wymieszaj, aż będzie gładkie i całkowicie się rozpuści.
g) Niech czekolada ostygnie, aw międzyczasie pokrój truskawkową mieszankę na osiem batonów o pożądanej grubości.
h) Teraz jeden po drugim zanurz każdy baton w czekoladzie i dobrze obtocz.

i) Panierowane batoniki układamy na linii blachy do pieczenia. Gdy wszystkie batony zostaną pokryte, wstaw je do lodówki, aż czekolada zgęstnieje i zgęstnieje.

46. Batony proteinowe Mocha

Składniki:

- Mąka migdałowa, 30 g
- Mąka kokosowa, 30 g
- Espresso, 60 g, świeżo parzone i schłodzone
- Izolat białka serwatkowego bez dodatków smakowych, 60 g
- Cukier kokosowy, 20 g
- Kakao w proszku niesłodzone, 14 g
- Ciemna czekolada 70%-85% masy kakaowej, 48 g

Wskazówki

a) Połącz wszystkie suche składniki razem.
b) Expresso wymieszaj i dobrze ubij, aby połączyć nie pozostawiając grudek.
c) W tym momencie mieszanina zamieni się w gładką kulkę.
d) Podziel go na sześć kawałków równej wielkości i uformuj z każdego kawałka batonika. Ułóż batony na arkuszu i przykryj plastikiem. Wstaw do lodówki na godzinę.
e) Gdy batony zostaną ustawione, podgrzej ciemną czekoladę w mikrofalówce i mieszaj, aż się rozpuści.
f) Obtocz każdy baton w roztopionej czekoladzie i ułóż na wyłożonej woskiem blasze do pieczenia.
g) Skrop pozostałą czekoladą na wierzchu w wirujący wzór i ponownie wstaw do lodówki, aż czekolada będzie twarda.

47. Bananowo-czekoladowe batony proteinowe

Składniki:

- Banan liofilizowany, 40g
- Mleko migdałowe, 30 ml
- Izolat białka w proszku o smaku bananowym, 70 g
- 100% masło orzechowe, 25 g
- Płatki owsiane bezglutenowe, 30 g
- 100% czekolada, 40 g
- Słodzik do smaku

Wskazówki

a) Zmielony banan w robocie kuchennym. Teraz dodaj białko w proszku i płatki owsiane, przerabiaj ponownie, aż będzie drobno zmielony.
b) Wymieszaj pozostałe składniki z wyjątkiem czekolady i ponownie zmiksuj, aż będą gładkie.
c) Przenieś miksturę do wyłożonej patelnią bochenka i przykryj plastikiem. Wstawić do lodówki do twardości.
d) Gdy paski są ustawione, pokrój na cztery paski.
e) Teraz rozpuść czekoladę w kuchence mikrofalowej i pozwól jej trochę ostygnąć przed zanurzeniem w niej każdego batonika bananowego. Dobrze obtoczyć i ponownie schłodzić batony, aż czekolada będzie twarda.

48. Niebiańskie surowe batony

Składniki:

- Mleko kokosowe, 2 łyżki
- Niesłodzony proszek kakaowy, zgodnie z wymaganiami
- Białko w proszku, 1 $\frac{1}{2}$ miarki
- Siemię lniane, 1 łyżka stołowa

Wskazówki

a) Połącz wszystkie składniki razem.
b) Nasmaruj blachę do pieczenia sprayem do pieczenia i przenieś na nią ciasto.
c) Pozostaw mieszaninę w temperaturze pokojowej, aż stanie się twarda.

49. Potwory

Składniki:

- 1/2 szklanki masła, zmiękczonego
- 1 szklanka brązowego cukru, zapakowana
- 1 szklanka cukru
- 1-1/2 szklanki kremowego masła orzechowego
- 3 jajka, ubite
- 2 tony ekstrakt waniliowy
- 2 tony proszek do pieczenia
- 4 1/2 szklanki szybko gotujących się płatków owsianych, niegotowanych
- 1 szklanka półsłodkich chipsów czekoladowych
- 1 szklanka czekoladek w cukierkach

a) W dużej misce wymieszaj wszystkie składniki w podanej kolejności. Rozłóż ciasto na natłuszczonej patelni do galaretek 15"x10".
b) Piecz w 350 stopniach przez 15 minut lub do lekkiego zrumienienia.
c) Schłodzić i pokroić w słupki. Robi około 1-1/2 tuzina.

50. Crumble Bar z Jagodami

Składniki:
- 1-1/2 szklanki cukru, podzielonej
- 3c. mąka uniwersalna
- 1 łyżeczka proszku do pieczenia
- 1/4 tony. Sól
- 1/8 t. cynamon
- 1 szklanka skracania
- 1 jajko, ubite
- 1 łyżeczka mąki kukurydzianej
- 4c. jagody

a) Wymieszaj jedną szklankę cukru, mąkę, proszek do pieczenia, sól i cynamon.
b) Użyj krajalnicy do ciasta lub widelca, aby pokroić tłuszcz i jajko; ciasto będzie kruche.
c) Wlej połowę ciasta do wysmarowanej tłuszczem formy do pieczenia 13"x9"; odłożyć na bok.
d) W osobnej misce wymieszaj skrobię kukurydzianą i pozostały cukier; delikatnie złóż jagody.
e) Posyp ciasto na patelni równomiernie mieszanką jagód.
f) Pozostałe ciasto pokruszyć na wierzchu. Piecz w 375 stopniach przez 45 minut lub aż wierzch będzie lekko złoty. Całkowicie ostudź przed pocięciem na kwadraty. Sprawia, że jeden tuzin.

51. Pręty gumowe

Składniki:

- 1/2 szklanki roztopionego masła
- 1/2 tony. proszek do pieczenia
- 1-1/2 szklanki brązowego cukru, pakowane
- 1/2 tony. Sól
- 2 jajka, ubite
- 1/2 szklanki posiekanych orzechów
- 1-1/2 szklanki mąki uniwersalnej
- 1 szklanka posiekanych żelek
- 1 łyżeczka ekstraktu waniliowego
- Ozdoba: cukier puder

a) W dużej misce wymieszaj wszystkie składniki oprócz cukru pudru.

b) Rozłóż ciasto na wysmarowanej tłuszczem i posypanej mąką formie do pieczenia 13"x9". Piecz w 350 stopniach przez 25-30 minut, aż się zarumienią.

c) Posyp cukrem pudrem. Chłodny; pokroić w paski. Sprawia, że 2 tuziny.

52. Batoniki z solonymi orzeszkami

Składniki:
- 18-1/2 uncji opakowania żółtego ciasta mix
- 3/4 szklanki masła, roztopionego i podzielonego
- 1 jajko, ubite
- 3c. mini pianki
- Opakowanie 10 uncji chipsów z masłem orzechowym
- 1/2 szklanki syropu kukurydzianego jasnego
- 1 łyżeczka ekstraktu waniliowego
- 2c. solone orzeszki ziemne
- 2c. chrupiące płatki ryżowe

a) W misce wymieszaj suchą mieszankę do ciast, 1/4 szklanki masła i jajko; wciśnij ciasto do wysmarowanej tłuszczem formy do pieczenia 13"x9". Piec w 350 stopniach przez 10 do 12 minut.

b) Posyp marshmallows na upieczoną skórkę; wróć do piekarnika i piecz jeszcze przez 3 minuty lub do rozpuszczenia pianek. W rondlu na średnim ogniu rozpuść chipsy z masła orzechowego, syrop kukurydziany, pozostałe masło i wanilię.

c) Dodaj orzechy i płatki zbożowe. Rozłóż mieszankę masła orzechowego na warstwie prawoślazu. Schłodzić do jędrności; pokroić w kwadraty. Sprawia, że 2-1/2 tuzina.

53. Bary z wiśniami z Czarnego Lasu

Składniki:

- 3 21-oz. puszki nadzienie wiśniowe, podzielone
- 18-1/2 uncji opakowania czekoladowego ciasta mix
- 1/4 szklanki oleju
- 3 jajka, ubite
- 1/4 szklanki brandy o smaku wiśniowym lub soku wiśniowego
- Opakowanie 6 uncji półsłodkich chipsów czekoladowych
- Opcjonalnie: bita polewa

a) Wstaw do lodówki 2 puszki nadzienia do ciasta, aż ostygną. Używając miksera elektrycznego na niskich obrotach, ubij ze sobą pozostałą puszkę nadzienia do ciasta, suchą mieszankę do ciast, olej, jajka i brandy lub sok wiśniowy, aż będą dobrze wymieszane.
b) Wymieszać z kawałkami czekolady.
c) Wlej ciasto do lekko natłuszczonej formy do pieczenia 13"x9". Piec w 350 stopniach przez 25 do 30 minut, aż wykałaczka sprawdzi się czysta; chłod. Przed podaniem równomiernie rozłóż schłodzone nadzienie do ciasta.
d) Pokrój na batoniki i podawaj z bitą posypką, jeśli chcesz. Służy od 10 do 12.

54. Żurawinowe batoniki popcornowe

Składniki:

- 3-uncjowe opakowanie popcornu do mikrofali, wyciśnięty
- 3/4 szklanki chipsów z białej czekolady
- 3/4 szklanki słodzonej suszonej żurawiny
- 1/2 szklanki słodzonego płatka kokosowego
- 1/2 szklanki posiekanych migdałów, grubo posiekanych
- 10-uncjowe pianki marshmallow
- 3 łyżki masła

a) Wyłóż blachę do pieczenia 13"x9" folią aluminiową; spryskać nieprzywierającym sprayem warzywnym i odstawić. W dużej misce wymieszaj popcorn, chipsy czekoladowe, żurawinę, kokos i migdały; odłożyć na bok. W rondlu na średnim ogniu mieszaj pianki i masło, aż się rozpuszczą i będą gładkie.

b) Zalej mieszanką popcornu i wymieszaj, aby całkowicie pokryć; szybko przenieść na przygotowaną patelnię.

c) Połóż arkusz papieru woskowanego na wierzchu; mocno dociśnij. Schłodź przez 30 minut lub do uzyskania jędrności. Podnieś pręty z patelni, używając folii jako uchwytów; odkleić folię i papier woskowany. Pokrój na paski; schłodzić dodatkowe 30 minut. Sprawia, że 16.

55. Cześć Dolly Bary

Składniki:

- 1/2 szklanki margaryny
- 1 szklanka okruchów krakersa graham
- 1 szklanka posłodzonych płatków kokosowych
- Opakowanie 6 uncji półsłodkich chipsów czekoladowych
- Opakowanie 6 uncji chipsów kajmakowych
- 14-oz. puszka słodzone mleko skondensowane
- 1 szklanka posiekanych orzechów pekan

a) Wymieszaj razem margarynę i okruchy krakersów graham; wciśnij do lekko natłuszczonej formy do pieczenia o wymiarach 9"x9". Ułóż z wiórkami kokosowymi, kawałkami czekolady i chipsami toffi.

b) Wlej mleko skondensowane na wierzch; posyp orzechami pekan. Piec w 350 stopniach przez 25 do 30 minut. Ostudzić; pokroić w paski. Sprawia, że od 12 do 16.

56. Irlandzkie batoniki śmietankowe

Składniki:

- 1/2 szklanki masła, zmiękczonego
- 3/4 szklanki plus 1 łyżka mąki uniwersalnej, podzielonej
- 1/4 szklanki cukru pudru
- 2 łyżki do pieczenia kakao
- 3/4 szklanki kwaśnej śmietany
- 1/2 szklanki cukru
- 1/3 szklanki irlandzkiego likieru śmietankowego
- 1 jajko, ubite
- 1 łyżeczka ekstraktu waniliowego
- 1/2 szklanki śmietany do ubijania
- Opcjonalnie: posypka czekoladowa

a) W misce wymieszaj masło, 3/4 szklanki mąki, cukier puder i kakao, aż powstanie miękkie ciasto.

b) Wciśnij ciasto do nienatłuszczonej formy do pieczenia o wymiarach 8 x 8 cali. Piec w 350 stopniach przez 10 minut.

c) W międzyczasie w osobnej misce wymieszaj pozostałą mąkę, śmietanę, cukier, likier, jajko i wanilię.

d) Dobrze wymieszaj; polać upieczoną warstwą. Wróć do piekarnika i piecz jeszcze 15 do 20 minut, aż nadzienie się zetnie.

e) Lekko ochłodzić; przechowywać w lodówce co najmniej 2 godziny przed pocięciem na batoniki. W małej misce mikserem elektrycznym na wysokich obrotach ubić śmietanę bitą na sztywną pianę.

f) Podawaj batony z kawałkami bitej śmietany i posyp, jeśli chcesz.
g) Przechowywać w lodówce. Sprawia, że 2 tuziny.

57. Bananowe batoniki wirowe

Składniki:

- 1/2 szklanki masła, zmiękczonego
- 1 szklanka cukru
- 1 jajko
- 1 łyżeczka ekstraktu waniliowego
- 1-1/2 szklanki bananów, puree
- 1-1/2 szklanki mąki uniwersalnej
- 1 łyżeczka proszku do pieczenia
- 1 łyżeczka sody oczyszczonej
- 1/2 tony. Sól
- 1/4 szklanki kakao do pieczenia

a) W misce ubij masło i cukier; dodaj jajko i wanilię. Dobrze wymieszaj; wmieszać banany. Odłożyć na bok. W osobnej misce wymieszać mąkę, proszek do pieczenia, sodę oczyszczoną i sól; zmiksować na masło. Podziel ciasto na pół; dodaj kakao do połowy.

b) Wlej zwykłe ciasto do wysmarowanej tłuszczem formy do pieczenia 13"x9"; łyżka ciasta czekoladowego na wierzchu. Wirować nożem stołowym; piec w 350 stopniach przez 25 minut.

c) Chłodny; pokroić w paski. Sprawia, że 2-1/2 do 3 tuzinów.

58. ciasteczka dyniowe

Składniki:

- 16-uncjowe opakowanie ciasta na ciasto
- 3 jajka, podzielone
- 2 łyżki margaryny, roztopionej i lekko schłodzonej
- 4 tony przyprawa do ciasta dyniowego, podzielona
- 8-uncjowy serek śmietankowy, zmiękczony
- 14-oz. puszka słodzone mleko skondensowane
- 15-oz. może dynia?
- 1/2 tony. Sól

a) W dużej misce wymieszaj suchą mieszankę ciasta, jedno jajko, margarynę i 2 łyżeczki przyprawy do ciasta dyniowego; mieszaj, aż się kruszą. Wciśnij ciasto do wysmarowanej tłuszczem patelni do galaretek o wymiarach 15"x10". W osobnej misce ubij serek śmietankowy na puszystą masę.

b) Ubić w skondensowanym mleku, dyni, soli oraz pozostałych jajkach i przyprawie. Dobrze wymieszaj; rozłożone na skórce. Piec w 350 stopniach przez 30 do 40 minut. Chłodny; schłodzić przed pocięciem na batony. Sprawia, że 2 tuziny.

59. Batoniki Granola

Składniki:

- Pestki dyni, ½ szklanki
- Miód, ¼ szklanki
- Nasiona konopii. 2 łyżki stołowe
- Mąka kokosowa, ½ szklanki
- Cynamon, 2 łyżeczki
- Karczoch w proszku, 1 łyżka stołowa
- Białko waniliowe w proszku, ¼ szklanki
- Masło kokosowe, 2 łyżki
- Jagody Goji, 1/3 szklanki
- Pistacje, ½ szklanki, posiekane
- Sól, szczypta
- Olej kokosowy, 1/3 szklanki
- Mleko konopne, 1/3 szklanki
- Fasola waniliowa, 1
- nasiona chia, 2 łyżki płatków kokosowych, 1/3 szklanki

Wskazówki

a) Połącz wszystkie składniki i rozprowadź równomiernie na patelni.
b) Wstaw do lodówki na godzinę.
c) Po stwardnieniu i stwardnieniu pokrój w batoniki o pożądanej długości i ciesz się.

60. Dyniowe kwadraty owsiane

Składniki:

- Jajko lniane, 1 (1 łyżka mielonego lnu wymieszana z 3 łyżkami wody)
- Płatki owsiane bezglutenowe, ¾ szklanki
- Cynamon, 1 ½ łyżeczki
- Pecan, ½ szklanki, o połowę
- Mielony imbir, ½ łyżeczki
- Cukier kokosowy, ¾ szklanki
- Sproszkowana strzała, 1 łyżka stołowa
- Mielona gałka muszkatołowa, 1/8 łyżeczki
- Czysty ekstrakt waniliowy, 1 łyżeczka
- Różowa himalajska sól morska, ½ łyżeczki
- Niesłodzone puree z dyni w puszkach, ½ szklanki
- Mąka migdałowa, ¾ szklanki
- mąka owsiana, ¾ szklanki
- Mini kawałeczki czekolady bez mlecznej czekolady, 2 łyżki stołowe
- Soda oczyszczona, ½ łyżeczki

Wskazówki

a) Rozgrzej piekarnik do 350 F.
b) Wyłóż kwadratową patelnię papierem woskowanym i odłóż na bok.
c) Połącz jajko lniane w kubku i odstaw na 5 minut.
d) Puree ubić z cukrem i dodać jajko lniane i wanilię. Pokonaj ponownie, aby połączyć.

e) Teraz dodaj sodę oczyszczoną, a następnie cynamon, gałkę muszkatołową, imbir i sól. Pokonaj dobrze.
f) Na koniec dodaj mąkę, płatki owsiane, maranta, orzechy pekan i mąkę migdałową i ubijaj, aż dokładnie się zmieszają.
g) Przełóż ciasto na przygotowaną patelnię i posyp kawałkami czekolady.
h) Piecz przez 15-19 minut.
i) Pozostaw do całkowitego ostygnięcia przed wyjęciem z patelni i pokrojeniem.

61. Czerwone aksamitne batoniki dyniowe

Składniki:

- Małe gotowane buraki, 2
- Mąka kokosowa, ¼ szklanki
- Ekologiczne masło z pestek dyni, 1 łyżka
- Mleko kokosowe, ¼ szklanki
- Serwatka waniliowa, ½ szklanki
- 85% gorzka czekolada, stopiona

Wskazówki

a) Połącz wszystkie suche składniki razem z wyjątkiem czekolady.
b) Suche składniki wymieszać z mlekiem i dobrze związać.
c) Uformować w średniej wielkości batoniki.
d) Rozpuść czekoladę w mikrofalówce i pozwól jej ostygnąć przez kilka sekund. Teraz zanurz każdy baton w rozpuszczonej czekoladzie i dobrze obtocz.
e) Wstaw do lodówki, aż czekolada będzie twarda i twarda.
f) Cieszyć się.

62. Śnieżne batoniki cytrynowe

Składniki:

- 3 jajka, podzielone
- 1/3 szklanki masła, roztopionego i lekko schłodzonego
- 1 łyżeczka skórki z cytryny
- 3 łyżki soku z cytryny
- Opakowanie 18-1/2 uncji białego ciasta mix
- 1 szklanka posiekanych migdałów
- 8-uncjowy serek śmietankowy, zmiękczony
- 3c. cukier puder
- Ozdoba: dodatkowy cukier puder

a) W dużej misce wymieszać jedno jajko, masło, skórkę z cytryny i sok z cytryny. Wymieszaj suchą mieszankę do ciast i migdały, dobrze mieszając. Wciśnij ciasto do wysmarowanej tłuszczem formy do pieczenia 13"x9". Piecz w 350 stopniach przez 15 minut lub do uzyskania złotego koloru. W międzyczasie w osobnej misce ubij serek śmietankowy na jasną i puszystą masę; stopniowo mieszać z cukrem pudrem. Dodaj pozostałe jajka, po jednym na raz, dobrze miksując po każdym.

b) Wyjmij patelnię z piekarnika; rozprowadź mieszankę sera śmietankowego na gorącej skórce. Piecz przez 15 do 20 minut dłużej, aż środek się zetnie; Fajny. Posyp cukrem pudrem przed pokrojeniem na batoniki. Sprawia, że 2 tuziny.

63. Łatwe batoniki toffi

Składniki:

- Opakowanie 12 uncji chipsów kajmakowych, roztopionych
- 1 szklanka masła, zmiękczonego
- 1/2 szklanki brązowego cukru, pakowane
- 1/2 szklanki cukru
- 3 jajka, ubite
- 1-1/2 t. ekstrakt waniliowy
- 2c. mąka uniwersalna

a) W misce połącz chipsy toffi i masło; dobrze wymieszaj. Dodaj cukry, jajka i wanilię; dobrze wymieszaj.
b) Stopniowo mieszaj z mąką. Wlej ciasto do lekko natłuszczonej formy do pieczenia 13"x9". Piec w 350 stopniach przez 40 minut.
c) Schłodzić i pokroić w kwadraty. Sprawia, że 2 tuziny.

64. Baton Wiśniowo-Migdałowy

Składniki:

- Białko waniliowe w proszku, 5 miarek
- Miód, 1 łyżka stołowa
- Trzepaczki do jajek, ½ szklanki
- Woda, ¼ szklanki
- Migdały, ¼ szklanki, pokrojone
- Ekstrakt waniliowy, 1 łyżeczka
- Mączka migdałowa, ½ szklanki
- Masło migdałowe, 2 łyżki
- Mrożone ciemne czereśnie, 1 ½ szklanki

Wskazówki

a) Rozgrzej piekarnik do 350 F.
b) Wiśnie pokroić w kostkę i rozmrozić.
c) Połącz wszystkie składniki razem, w tym rozmrożone wiśnie i dobrze wymieszaj.
d) Przełóż masę do wysmarowanej tłuszczem formy do pieczenia i piecz przez 12 minut.
e) Pozostaw do całkowitego ostygnięcia przed zdjęciem z patelni i pokrojeniem na batoniki.

65. Karmelowe batoniki chrupiące

Składniki:
- 1½ szklanki płatków owsianych
- 1½ szklanki mąki
- ¾ szklanka brązowego cukru
- ½ łyżeczki sody oczyszczonej
- ¼ łyżeczki soli
- ¼ szklanki roztopionego masła
- ¼ szklanki roztopionego masła

Polewy
- ½ szklanki brązowego cukru
- ½ szklanki cukru pudru
- ½ szklanki masła
- ¼ szklanki mąki
- 1 szklanka posiekanych orzechów
- 1 szklanka posiekanej czekolady

Wskazówki:
a) Doprowadź temperaturę piekarnika do 350 F. W misce umieść płatki owsiane, mąkę, sól, cukier i sodę oczyszczoną, a następnie dobrze wymieszaj. Włóż masło i zwykłe masło i mieszaj, aż utworzy się okruchy.
b) Odłóż co najmniej filiżankę okruchów na później.
c) Teraz przygotuj patelnię smarując ją spryskiwaczem, a następnie nałóż mieszankę owsianą na dolną część patelni.
d) Wstawiamy do piekarnika i chwilę pieczemy, po czym wyjmujemy, gdy jest już całkiem zarumieniony i ostudzamy. Następnie należy zrobić karmel.
e) Zrób to, mieszając masło i cukier w rondlu o grubym dnie, aby uniknąć szybkiego przypalenia. Następnie po dodaniu mąki pozwól mu zabulgotać. Wróć do bazy owsianej, dodaj wymieszane orzechy i czekoladę, a następnie karmel, który

właśnie zrobiłeś, a na koniec dodaj dodatkowe okruchy, które odłożyłeś.
f) Włóż z powrotem do piekarnika i gotuj, aż batoniki nabiorą złotego koloru, co zajmie około 20 minut.
g) Po upieczeniu ostudź go, zanim pokroisz na dowolny rozmiar.

66. Batony owsiane

Porcje: 14-16

Składniki:
- 1¼ szklanki staromodnych płatków owsianych
- 1¼ szklanki mąki uniwersalnej
- ½ szklanki drobno posiekanych prażonych orzechów włoskich (patrz Uwaga)
- ½ szklanki cukru
- ½ łyżeczki sody oczyszczonej
- ¼ łyżeczki soli
- 1 szklanka roztopionego masła
- 2 łyżeczki wanilii
- 1 szklanka dobrej jakości dżemu
- 4 pełne krakersy graham (8 kwadratów), pokruszone
- Bita śmietana, do podania (opcjonalnie)

Wskazówki:
a) Rozgrzej piekarnik do 350 ° F. Nasmaruj 9-calową kwadratową formę do pieczenia. W misce włóż i wymieszaj płatki owsiane, mąkę, orzechy włoskie, cukier, sodę oczyszczoną i sól. W małej misce wymieszać masło i wanilię. Dodaj masę masła do masy owsianej i mieszaj, aż się kruszy.
b) Zarezerwuj 1 filiżankę na przybranie i wciśnij pozostałą mieszankę owsianą na dno formy do pieczenia. Rozłóż dżem równomiernie na wierzchu. Dodaj pokruszone krakersy do zarezerwowanej mieszanki owsianej i posyp dżemem. Piecz przez około 25 do 30 minut, aż brzegi się zrumienią. Schłodzić całkowicie na patelni na stojaku.
c) Pokrój na 16 kwadratów. Podawaj, dodając w razie potrzeby porcję bitej śmietany.
d) Przechowywanie go w szklanym pojemniku w lodówce pomoże go zachować.

67. Batony do żucia Pecan

Składniki:

- Nieprzywierający spray do pieczenia
- 2 filiżanki plus
- 2 łyżki mąki uniwersalnej, podzielone
- ½ szklanki cukru pudru
- 2 łyżki plus
- 2 łyżeczki masła
- 3½ łyżeczki niesolonego masła, pokrojonego na kawałki
- ¾ łyżeczka plus koszerna szczypta soli, podzielona
- ¾ kubek zapakowany w ciemnobrązowy cukier
- 4 duże jajka
- 2 łyżeczki ekstraktu waniliowego
- 1 szklanka jasnego syropu kukurydzianego
- 2 szklanki posiekanych orzechów pekan
- Orzechy pekan pokrojone na pół

Wskazówki:

a) Rozgrzej piekarnik do 340°F. Nasmaruj patelnię za pomocą sprayu zapobiegającego przywieraniu i wyłóż papierem pergaminowym z występem z dwóch stron, aby łatwo można było wyjąć pręty z patelni.
b) Używając blendera lub robota kuchennego, mąki pulsacyjnej, cukru, rodzajów masła i ¾ łyżeczki soli do połączenia. Mieszanina uformuje się w grudki.
c) Przełóż ciasto na przygotowaną patelnię. Dociśnij mocno i równomiernie na dnie patelni. Nakłuć skórkę widelcem i piec do uzyskania jasnobrązowego do średniozłocistego brązu przez 30 do 35 minut.

d) Używając tej samej miski robota kuchennego, połącz brązowy cukier, pozostałe 2 łyżki mąki, sól, jajka, wanilię i syrop kukurydziany.
e) Pulsuj aż do całkowitego połączenia. Przekształć miksturę w dużą miskę i dodaj orzechy pekan.
f) Nałóż równomiernie masę z orzechów pekan na upieczoną skórkę. Na wierzchu nadzienia umieść kilka dodatkowych połówek orzecha jako dekorację.
g) Włóż patelnię z powrotem do piekarnika i pozwól mu się upiec, aż środek będzie ustawiony na 35 do 40 minut. Jeśli nie ma szans, że wnętrze nadal się porusza, przygotuj się na kilka minut; jeśli zauważysz, że paski zaczynają się puchnąć pośrodku, natychmiast je usuń. Umieść je na stojaku i pozostaw do ostygnięcia przed pocięciem na 16 (2-calowe) kwadraty i wyjęciem batoników.
h) Przechowywanie: Przechowuj batony w hermetycznym pojemniku w temperaturze pokojowej przez 3 do 5 dni lub zamrażaj do 6 miesięcy. Mogą być bardzo lepkie, więc zawiń je w pergamin lub papier woskowany.

68. Batony proteinowe Chocolate Chip Cookie Dough

Składniki:

- 128g (½ szklanki) prażonego masła migdałowego
- 270g (1 szklanka + 2 łyżki) niesłodzonego mleka migdałowego waniliowego
- 1 łyżeczka płynnego ekstraktu ze stewii waniliowo-kremowej
- 1 łyżeczka Naturalnego Smaku Masła
- 168g (1¼ filiżanki, lekko zapakowane) białko w proszku z brązowego ryżu waniliowego
- 80g (⅔ szklanki) mąki owsianej
- ⅛ łyżeczka soli
- ¼ szklanki Mini półsłodkich chipsów czekoladowych

Wyłóż patelnię do brownie o wymiarach 8x8 cali pergaminem. Odłożyć na bok.

W elektrycznej misce miksera stojącego wyposażonej w nasadkę do ubijania dodaj masło migdałowe, mleko migdałowe, ekstrakt ze stewii i aromat maślany. Mieszaj na niskich obrotach podczas przygotowywania suchych składników.

W średniej wielkości misce wymieszaj białko w proszku, mąkę owsianą i sól. Wyłącz mikser stojący i wrzuć suche składniki. Przywróć mikser do niskiej prędkości i mieszaj, aż suche składniki zostaną w pełni połączone. Zeskrob po brzegach miski, dodaj mini kawałeczki czekolady, a następnie wróć do niskiej prędkości na ostatnią mieszankę. Mieszanka powinna być gęsta i puszysta, jak ciasto na ciasteczka.

Wrzuć miksturę do formy do brownie i spłaszcz ją. Szczelnie przykryj patelnię folią i wstaw na noc do lodówki.

Wyjmij miksturę z patelni. Pokrój na 10 batonów. Indywidualnie zawijaj batony proteinowe w plastikowe torebki kanapkowe i przechowuj w lodówce.

Wydajność: 10 batonów białkowych

69. Owsiane batony proteinowe z ciastkiem z rodzynkami

Składniki:

- 128g (½ szklanki) pieczonego masła orzechowego
- 270g (1 szklanka + 2 łyżki) niesłodzonego mleka migdałowego waniliowego
- 1 łyżeczka płynnego ekstraktu ze stewii waniliowo-kremowej
- ½ łyżeczki Smaku Naturalnego Masła
- 168g (1¼ filiżanki, lekko zapakowane) białko w proszku z brązowego ryżu waniliowego
- 80g (⅔ szklanki) mąki owsianej
- 1½ łyżeczki mielonego cynamonu
- ⅛ łyżeczka soli
- ⅓ szklanki rodzynek, pokrojonych na pół

Wyłóż blachę do brownie 8x8" (lub 9x9" w przypadku cieńszych ciasteczek) papierem do pieczenia. Odłożyć na bok.

W elektrycznej misce miksera stojącego wyposażonej w nasadkę do ubijania dodaj masło orzechowe, mleko migdałowe, ekstrakt ze stewii i aromat masła. Mieszaj na niskich obrotach podczas przygotowywania suchych składników.

W średniej wielkości misce wymieszaj białko w proszku, mąkę owsianą, cynamon i sól. Wyłącz mikser stojący i wrzuć suche składniki. Przywróć mikser do niskiej prędkości i mieszaj, aż suche składniki zostaną w pełni połączone. Zeskrob po brzegach miski, dodaj posiekane rodzynki, a następnie wróć na małą prędkość na ostatnią mieszankę. Mieszanka powinna być gęsta i puszysta, jak ciasto na ciasteczka.

Wrzuć miksturę do formy do brownie i spłaszcz ją. Szczelnie przykryj patelnię folią i wstaw na noc do lodówki.

Wyjmij miksturę z patelni. Użyj okrągłego noża do ciastek, aby wybić 9 ciastek (użyj noża $2\frac{1}{2}$" z patelnią 8" i foremka $2\frac{3}{4}$" z patelnią 9"). Zawiń ciasteczka proteinowe w plastikowe torebki kanapkowe i wstaw do lodówki do przechowywania.

Wydajność: 9 ciasteczek proteinowych (plus trochę ochłapów dla kucharza!)

70. Baton proteinowy makadamia z białej czekolady

Składniki:

- 128g (½ szklanki) pieczonego masła makadamia
- 270g (1 szklanka + 2 łyżki) niesłodzonego mleka migdałowego waniliowego
- 1 łyżeczka płynnego ekstraktu ze stewii waniliowo-kremowej
- ½ łyżeczki Smaku Naturalnego Masła
- 168g (1¼ filiżanki, lekko zapakowane) białko w proszku z brązowego ryżu waniliowego
- 80g (⅔ szklanki) mąki owsianej
- ⅛ łyżeczka soli

Powłoka z białej czekolady:

- 6 uncji organicznej białej czekolady, stopionej

Wyłóż blachę do brownie 8x8" (lub 9x9" w przypadku cieńszych ciasteczek) papierem do pieczenia. Odłożyć na bok.

W elektrycznej misce miksera stojącego wyposażonej w nasadkę do ubijania dodaj masło makadamia, mleko migdałowe, ekstrakt ze stewii i aromat masła. Mieszaj na niskich obrotach podczas przygotowywania suchych składników.

W średniej wielkości misce wymieszaj białko w proszku, mąkę owsianą i sól. Wyłącz mikser stojący i wrzuć suche składniki. Przywróć mikser do niskiej prędkości i mieszaj, aż suche składniki zostaną w pełni połączone. W razie potrzeby zeskrob boki miski. Mieszanka powinna być gęsta i puszysta, jak ciasto na ciasteczka.

Wrzuć miksturę do przygotowanej patelni brownie i spłaszcz ją. Szczelnie przykryj patelnię folią i wstaw na noc do lodówki.

Wyjmij miksturę z patelni. Użyj okrągłego noża do ciastek, aby wybić 9 ciastek (użyj noża $2\frac{1}{2}$" z patelnią 8" lub $2\frac{3}{4}$" foremka z patelnią 9").

Połóż silikonową matę do pieczenia na patelni do galaretek i wyłóż ciasteczka proteinowe na wierzchu.

Dla polewy z białej czekolady:

Umieść ciasteczko białkowe na zębach dużego widelca i wrzuć do roztopionej białej czekolady. Dużą łyżką nałóż czekoladę na ciastko. Delikatnie wsuń ciasteczko na silikonową matę do pieczenia. Powtórz ten proces z resztą ciasteczek białkowych.

Wstawić do lodówki do twardości.

71. Red Velvet Ciasto Krówkowe Batony Proteinowe

Batony białkowe:

- 165g (⅔ szklanki) Puree z pieczonych buraków
- 128g (½ szklanki) surowego masła migdałowego
- 135g (½ szklanki + 1 łyżka stołowa) niesłodzonego mleka migdałowego waniliowego
- 1 łyżka Smaku Naturalnego Masła
- 1½ łyżeczki płynnego ekstraktu ze stewii waniliowo-kremowej
- 210g (1⅔ filiżanki, lekko zapakowane) Białko w proszku z brązowego ryżu czekoladowego
- 80g (⅔ szklanki) mąki owsianej
- ¼ łyżeczki soli

Powłoka czekoladowa:

- 6 uncji roztopionej gorzkiej czekolady (70% kakao)

Na puree z pieczonych buraków:

Rozgrzej piekarnik do 350 stopni Fahrenheita. Opłucz i delikatnie wyszoruj dwa buraki wielkości pięści, a następnie zawiń je całkowicie w folię. Umieść buraki na patelni brownie o wymiarach 9x9 cali i piecz przez ~1½ godziny, aż widelec z łatwością przebije buraki.

Wyjmij buraki z piekarnika, ostrożnie odwiń folię i odstaw, aż ostygnie. Użyj noża, aby zeskrobać skórki buraków (łatwo odpadną).

Pokrój buraki na kawałki i włóż do robota kuchennego. Puree do uzyskania całkowitej gładkości.

Dla batonów proteinowych:

Wyłóż patelnię do brownie o wymiarach 8x8 cali pergaminem. Odłożyć na bok.

W elektrycznej misce miksera stojącego wyposażonej w ubijak dodaj puree z buraków, masło migdałowe, mleko migdałowe, aromat masła i ekstrakt ze stewii. Mieszaj na niskich obrotach podczas przygotowywania suchych składników.

W średniej wielkości misce wymieszaj białko w proszku, mąkę owsianą i sól. Wyłącz mikser stojący i wrzuć suche składniki. Przywróć mikser do niskiej prędkości i mieszaj, aż suche składniki zostaną w pełni połączone. W razie potrzeby zeskrob boki miski. Mieszanka powinna być gęsta i puszysta, jak ciasto na ciasteczka.

Wrzuć miksturę do przygotowanej patelni brownie i spłaszcz ją. Szczelnie przykryj patelnię folią i wstaw na noc do lodówki.

Wyjmij miksturę z patelni. Pokrój na 10 batonów.

Umieść silikonową matę do pieczenia na wierzchu patelni do galaretek i wyłóż batony proteinowe na wierzchu.

Batony białkowe:

- 165g (⅔ szklanki) Puree z pieczonych buraków
- 128g (½ szklanki) surowego masła migdałowego
- 135g (½ szklanki + 1 łyżka stołowa) niesłodzonego mleka migdałowego waniliowego
- 1 łyżka Smaku Naturalnego Masła
- 1½ łyżeczki płynnego ekstraktu ze stewii waniliowo-kremowej
- 210g (1⅔ filiżanki, lekko zapakowane) Białko w proszku z brązowego ryżu czekoladowego
- 80g (⅔ szklanki) mąki owsianej
- ¼ łyżeczki soli

Powłoka czekoladowa:

- 6 uncji roztopionej gorzkiej czekolady (70% kakao)

Na puree z pieczonych buraków:

Rozgrzej piekarnik do 350 stopni Fahrenheita. Opłucz i delikatnie wyszoruj dwa buraki wielkości pięści, a następnie zawiń je całkowicie w folię. Umieść buraki na patelni brownie o wymiarach 9x9 cali i piecz przez ~1½ godziny, aż widelec z łatwością przebije buraki.

Wyjmij buraki z piekarnika, ostrożnie odwiń folię i odstaw, aż ostygnie. Użyj noża, aby zeskrobać skórki buraków (łatwo odpadną).

Pokrój buraki na kawałki i włóż do robota kuchennego. Puree do uzyskania całkowitej gładkości.

Dla batonów proteinowych:

Wyłóż patelnię do brownie o wymiarach 8x8 cali pergaminem. Odłożyć na bok.

W elektrycznej misce miksera stojącego wyposażonej w ubijak dodaj puree z buraków, masło migdałowe, mleko migdałowe, aromat masła i ekstrakt ze stewii. Mieszaj na niskich obrotach podczas przygotowywania suchych składników.

W średniej wielkości misce wymieszaj białko w proszku, mąkę owsianą i sól. Wyłącz mikser stojący i wrzuć suche składniki. Przywróć mikser do niskiej prędkości i mieszaj, aż suche składniki zostaną w pełni połączone. W razie potrzeby zeskrob boki miski. Mieszanka powinna być gęsta i puszysta, jak ciasto na ciasteczka.

Wrzuć miksturę do przygotowanej patelni brownie i spłaszcz ją. Szczelnie przykryj patelnię folią i wstaw na noc do lodówki.

Wyjmij miksturę z patelni. Pokrój na 10 batonów.

Umieść silikonową matę do pieczenia na wierzchu patelni do galaretek i wyłóż batony proteinowe na wierzchu.

Dla polewy czekoladowej:

Dużą łyżką nałóż roztopioną czekoladę na batony proteinowe. Spróbuj oblać cały baton proteinowy czekoladą, ale nie musi to być idealne.

Wstaw do lodówki do stwardnienia (~1 godziny). Indywidualnie zawijaj batony proteinowe w plastikowe torebki kanapkowe i przechowuj w lodówce.

Wydajność: 10 batonów białkowych

72. Cynamonowe Kwadraty Białkowe

Batony białkowe:

- 128g (½ szklanki) surowego masła migdałowego
- 240g (1 szklanka) niesłodzonego mleka migdałowego waniliowego
- 63g (3 łyżki) czystego syropu klonowego
- ¾ łyżeczka płynnego ekstraktu ze stewii waniliowo-kremowej
- ½ łyżeczki Smaku Naturalnego Masła
- 168g (1¼ filiżanki, lekko zapakowane) białko w proszku z brązowego ryżu waniliowego
- 80g (⅔ szklanki) mąki owsianej
- 2 łyżeczki mielonego cynamonu
- ¼ łyżeczki soli
- Lukier sernikowy:
- 4 uncje organicznego serka śmietankowego Neufchâtel, temperatura pokojowa
- 30g (2 łyżki) niesłodzonego mleka migdałowego waniliowego
- ¼ łyżeczki płynnego ekstraktu ze stewii waniliowo-kremowej
- ¼ łyżeczki Smaku Naturalnego Masła

- ⅛ łyżeczka pasty waniliowej z fasoli (możesz to zrobić w domu!)

Dla batonów proteinowych:

Wyłóż patelnię do brownie o wymiarach 8x8 cali pergaminem. Odłożyć na bok.

W elektrycznej misce miksera stojącego wyposażonej w ubijak dodaj masło migdałowe, mleko migdałowe, czysty syrop klonowy, ekstrakt ze stewii i aromat maślany. Mieszaj na niskich obrotach podczas przygotowywania suchych składników.

W średniej wielkości misce wymieszaj białko w proszku, mąkę owsianą, cynamon i sól. Wyłącz mikser stojący i wrzuć suche składniki. Przywróć mikser do niskiej prędkości i mieszaj, aż suche składniki zostaną w pełni połączone. W razie potrzeby zeskrob boki miski. Mieszanka powinna być gęsta i puszysta, jak ciasto na ciasteczka.

Wrzuć miksturę do przygotowanej patelni brownie i spłaszcz ją. Szczelnie przykryj patelnię folią i wstaw na noc do lodówki.

Wyjmij miksturę z patelni. Pokrój na 9 kwadratów.

Do polewy z serka śmietankowego:

W średniej wielkości misce wymieszaj serek śmietankowy, mleko migdałowe, ekstrakt ze stewii, aromat masła i pastę waniliową.

Zbierz mieszankę do worka do szprycowania z okrągłą końcówką (#804). Nałóż lukier wzdłuż krawędzi kwadracików białkowych, a następnie wypełnij środek. Jeśli nie masz worka do szprycowania, po prostu rozłóż lukier na batonach grzbietem łyżki.

Aby przechowywać, po prostu umieść arkusz pergaminu na podstawie z ciastem, ułóż na nim batoniki białkowe i przykryj kopułą ciasta.

73. Niemieckie batony proteinowe z ciastem czekoladowym

Batony białkowe:

- 128g (½ szklanki) pieczonego masła orzechowego
- 270g (1 szklanka + 2 łyżki) niesłodzonego mleka migdałowego waniliowego
- 1 łyżeczka płynnego ekstraktu ze stewii waniliowo-kremowej
- 168g (1¼ filiżanki, lekko zapakowane) Białko z Brązowego Ryżu Czekoladowego
- 80g (⅔ szklanki) mąki owsianej
- ⅛ łyżeczka kawy rozpuszczalnej w granulkach
- ⅛ łyżeczka soli

Powłoka czekoladowa:

- 2 uncje roztopionej gorzkiej czekolady (70% kakao)
- 2 łyżki niesłodzonego rozdrobnionego orzecha kokosowego o obniżonej zawartości tłuszczu
- 2 łyżki posiekanych prażonych orzechów pekan

Dla batonów proteinowych:

- Wyłóż patelnię do brownie o wymiarach 8x8 cali pergaminem. Odłożyć na bok.

W elektrycznej misce miksera stojącego wyposażonej w nasadkę do ubijania dodaj masło orzechowe, mleko migdałowe i ekstrakt ze stewii. Mieszaj na niskich obrotach podczas przygotowywania suchych składników.

W średniej wielkości misce wymieszaj białko w proszku, mąkę owsianą, granulki kawy rozpuszczalnej i sól. Wyłącz mikser stojący i wrzuć suche składniki. Przywróć mikser do niskiej prędkości i mieszaj, aż suche składniki zostaną w pełni połączone. W razie potrzeby zeskrob boki miski. Mieszanka powinna być gęsta i puszysta, jak ciasto na ciasteczka.

Wrzuć miksturę do przygotowanej patelni brownie i spłaszcz ją. Szczelnie przykryj patelnię folią i wstaw na noc do lodówki.

Wyjmij miksturę z patelni. Pokrój na 10 batonów.

Umieść silikonową matę do pieczenia na wierzchu patelni do galaretek i wyłóż batony proteinowe na wierzchu.

Dla polewy czekoladowej:

Rozłóż rozpuszczoną czekoladę na batonach proteinowych, posyp posiekanym kokosem i ułóż na wierzchu posiekane orzechy pekan.

Wstaw do lodówki do stwardnienia (~1 godziny). Indywidualnie zawijaj batony proteinowe w plastikowe torebki kanapkowe i przechowuj w lodówce.

Wydajność: 10 batonów białkowych

74. Batony proteinowe na tort urodzinowy

Batony białkowe:

- 128g (½ szklanki) surowego masła migdałowego
- 270g (1 szklanka + 2 łyżki) niesłodzonego mleka migdałowego waniliowego
- 1 łyżeczka płynnego ekstraktu ze stewii waniliowo-kremowej
- 1 łyżeczka Naturalnego Smaku Masła
- ⅛ łyżeczka ekstraktu z migdałów
- 168g (1¼ filiżanki, lekko zapakowane) białko w proszku z brązowego ryżu waniliowego
- 80g (⅔ szklanki) mąki owsianej
- ⅛ łyżeczka soli

Lukier sernikowy:

- 4 uncje organicznego serka śmietankowego Neufchâtel, temperatura pokojowa
- 30g (2 łyżki) niesłodzonego mleka migdałowego waniliowego
- ¼ łyżeczki płynnego ekstraktu ze stewii waniliowo-kremowej
- ¼ szklanki naturalnych tęczowych posypek

Dla batonów proteinowych:

Wyłóż patelnię do brownie o wymiarach 8x8 cali pergaminem. Odłożyć na bok.

W elektrycznej misce miksera stojącego wyposażonej w nasadkę do ubijania dodaj masło migdałowe, mleko migdałowe, ekstrakt ze stewii, aromat masła i ekstrakt migdałowy. Mieszaj na niskich obrotach.

W średniej wielkości misce wymieszaj białko w proszku, mąkę owsianą i sól. Wyłącz mikser stojący i wrzuć suche składniki. Przywróć mikser do niskiej prędkości i mieszaj, aż suche składniki zostaną w pełni połączone. W razie potrzeby zeskrob boki miski. Mieszanka powinna być gęsta i puszysta, jak ciasto na ciasteczka.

Wrzuć miksturę do przygotowanej patelni brownie i spłaszcz ją. Szczelnie przykryj patelnię folią i wstaw na noc do lodówki.

Wyjmij miksturę z patelni. Pokrój na 10 batonów.

Do polewy z serka śmietankowego:

W średniej wielkości misce wymieszaj serek śmietankowy, mleko migdałowe i ekstrakt ze stewii.

Nałóż lukier na batony proteinowe i posyp je posypką (dodaj posypkę tylko, jeśli tego dnia zamierzasz podawać/jeść batony proteinowe – posypka zniknie po dniu lub dwóch). Aby przechowywać, po prostu umieść arkusz pergaminu na podstawie z ciastem, ułóż na nim batoniki białkowe i przykryj kopułą ciasta.

75. Batony proteinowe z ciasta marchewkowego

Składniki:

- 128g (½ szklanki) pieczonego masła orzechowego
- 270g (1 szklanka + 2 łyżki) niesłodzonego mleka migdałowego waniliowego
- ¾ łyżeczka płynnego ekstraktu ze stewii waniliowo-kremowej
- 168g (1¼ filiżanki, lekko zapakowane) białko w proszku z brązowego ryżu waniliowego
- 90g (¾ szklanki) mąki owsianej
- 1¾ łyżeczki mielonego cynamonu
- ¼ łyżeczki mielonej gałki muszkatołowej
- ¼ łyżeczki soli
- 1-1½ szklanki tartej marchewki
- ¼-½ szklanki niesłodzonego rozdrobnionego orzecha kokosowego o obniżonej zawartości tłuszczu
- ¼ szklanki rodzynek, pokrojonych na pół

Wyłóż patelnię do brownie o wymiarach 8x8 cali pergaminem. Odłożyć na bok.

W elektrycznej misce miksera stojącego wyposażonej w ubijak dodaj masło orzechowe, mleko migdałowe i ekstrakt ze stewii.

Mieszaj na niskich obrotach podczas przygotowywania suchych składników.

W średniej wielkości misce wymieszaj białko w proszku, mąkę owsianą, cynamon, gałkę muszkatołową i sól. Wyłącz mikser stojący i wrzuć suche składniki. Przywróć mikser do niskiej prędkości i mieszaj, aż składniki zostaną w pełni połączone. Zeskrob po brzegach miski, dodaj startą marchewkę, posiekany kokos i posiekane rodzynki, a następnie wróć na małą prędkość na ostatnią mieszankę. Mieszanka powinna być gęsta i puszysta, jak ciasto na ciasteczka.

Wrzuć miksturę do formy do brownie i spłaszcz ją. Szczelnie przykryj patelnię folią i wstaw na noc do lodówki.

Wyjmij miksturę z patelni. Pokrój na 10 batonów. Indywidualnie zawijaj batony proteinowe w plastikowe torebki kanapkowe i przechowuj w lodówce.

Wydajność: 10 batonów białkowych

76. Siedmiowarstwowe batony proteinowe

Składniki:

- 128g (½ szklanki) pieczonego masła orzechowego
- 270g (1 szklanka + 2 łyżki) niesłodzonego mleka migdałowego waniliowego
- 1 łyżeczka Naturalnego Smaku Toffi
- ½ łyżeczki płynnego ekstraktu ze stewii o smaku angielskiego toffi
- 168g (1¼ filiżanki, lekko zapakowane) białko w proszku z brązowego ryżu waniliowego
- 80g (⅔ szklanki) mąki owsianej
- ⅛ łyżeczka soli
- ½ szklanki krakersów Graham, pokrojonych na kawałki
- ½ szklanki niesłodzonego rozdrobnionego orzecha kokosowego o obniżonej zawartości tłuszczu
- ½ szklanki Mini półsłodkich chipsów czekoladowych

Wyłóż patelnię do brownie o wymiarach 8x8 cali pergaminem. Odłożyć na bok.

W elektrycznej misce miksera stojącego wyposażonej w nasadkę do ubijania dodaj masło orzechowe, mleko migdałowe, aromat toffi i ekstrakt ze stewii. Mieszaj na niskich obrotach podczas przygotowywania suchych składników.

W średniej wielkości misce wymieszaj białko w proszku, mąkę owsianą i sól. Wyłącz mikser stojący i wrzuć suche składniki. Przywróć mikser do niskiej prędkości i mieszaj, aż suche składniki zostaną w pełni połączone. Zeskrob po brzegach miski, dodaj kawałki krakersa graham, posiekany kokos i mini wiórki czekoladowe, a następnie wróć do niskiej prędkości, aby zrobić ostatnią mieszankę. Mieszanka powinna być gęsta i puszysta, jak ciasto na ciasteczka.

Wrzuć miksturę do formy do brownie i spłaszcz ją. Przykryj patelnię folią i wstaw na noc do lodówki.

Wyjmij miksturę z patelni. Pokrój na 12 batonów. Indywidualnie zawijaj batony proteinowe w plastikowe torebki kanapkowe i przechowuj w lodówce.

Wydajność: 12 batonów białkowych

77. Ugryzienie batonu proteinowego z ciasta dyniowego

Składniki:

- 128g (½ szklanki) pieczonego masła orzechowego
- 575g (2⅓ szklanki) 100% Pure Puree z dyni, z puszki
- ¾ łyżeczka płynnego ekstraktu ze stewii o smaku angielskiego toffi
- 168g (1¼ filiżanki, lekko zapakowane) białko w proszku z brązowego ryżu waniliowego
- 2 kubki Graham Cracker Okruchy
- 30g (¼ szklanki) mąki owsianej
- 1 łyżka mielonego cynamonu (lub 2 łyżeczki mielonego cynamonu + 1 łyżeczka przyprawy do ciasta dyniowego)
- ⅛ łyżeczka soli

Wyłóż patelnię do brownie o wymiarach 8x8 cali pergaminem. Odłożyć na bok.

W elektrycznej misce miksera stojącego wyposażonej w nasadkę do ubijania dodaj masło orzechowe, puree z dyni i ekstrakt ze stewii. Mieszaj na niskich obrotach podczas przygotowywania suchych składników.

W średniej wielkości misce wymieszaj białko w proszku, okruchy krakersów graham, mąkę owsianą, cynamon i sól. Wyłącz mikser stojący i wrzuć suche składniki. Przywróć mikser do niskiej prędkości i mieszaj, aż suche składniki zostaną w pełni połączone. Mieszanka powinna być miękka i gładka, jak mokre ciasto na ciasteczka lub gęste ciasto na babeczki.

Wrzuć miksturę do formy do brownie i spłaszcz ją. Przykryj patelnię folią i wstaw na noc do lodówki.

Wyjmij miksturę z patelni. Pokrój na 36 kęsów. Aby przechowywać, po prostu umieść arkusz pergaminu na podstawie z ciastem, ułóż na nim kęsy białka i przykryj kopułą ciasta.

Wydajność: 36 kęsów białka

78. Batony proteinowe Pecan Pie

Składniki:

- 128g (½ szklanki) pieczonego masła orzechowego
- 270g (1 szklanka + 2 łyżki) niesłodzonego mleka migdałowego waniliowego
- 1 łyżeczka płynnego ekstraktu ze stewii o smaku angielskiego toffi
- 168g (1¼ filiżanki, lekko zapakowane) białko w proszku z brązowego ryżu waniliowego
- 80g (⅔ szklanki) mąki owsianej
- 1½ łyżeczki mielonego cynamonu
- ⅛ łyżeczka soli
- ¼ szklanki prażonych orzechów pekan, posiekanych

Wyłóż patelnię do brownie o wymiarach 8x8 cali pergaminem. Odłożyć na bok.

W elektrycznej misce miksera stojącego wyposażonej w nasadkę do ubijania dodaj masło orzechowe, mleko migdałowe i ekstrakt ze stewii. Mieszaj na niskich obrotach podczas przygotowywania suchych składników.

W średniej wielkości misce wymieszaj białko w proszku, mąkę owsianą, cynamon i sól. Wyłącz mikser stojący i wrzuć suche składniki. Przywróć mikser do niskiej prędkości i mieszaj, aż suche składniki zostaną w pełni połączone. W razie potrzeby zeskrob boki miski. Mieszanka powinna być gęsta i puszysta, jak ciasto na ciasteczka.

Wrzuć miksturę do formy do brownie i spłaszcz ją. Posyp posiekane orzechy pekan na wierzchu i wciśnij je w powierzchnię. Szczelnie przykryj patelnię folią i wstaw na noc do lodówki.

Wyjmij miksturę z patelni. Pokrój na 10 batonów. Indywidualnie zawijaj batony proteinowe w plastikowe torebki kanapkowe i przechowuj w lodówce.

Wydajność: 10 batonów białkowych

79. Tiramisù Batony proteinowe

Batony białkowe:

- 128g (½ szklanki) surowego masła migdałowego
- 270g (1 szklanka + 2 łyżki) niesłodzonego mleka migdałowego waniliowego
- 30g (2 łyżki stołowe) parzonego espresso, schłodzonego do temperatury pokojowej
- ¾ łyżeczka płynnego ekstraktu ze stewii waniliowo-kremowej
- 168g (1¼ filiżanki, lekko zapakowane) białko w proszku z brązowego ryżu waniliowego
- 80g (⅔ szklanki) mąki owsianej
- ¼ łyżeczki kawy rozpuszczalnej w granulkach
- ⅛ łyżeczka soli

Lukier sernikowy:

- 4 uncje Mascarpone, temperatura pokojowa
- 1½ łyżeczki niesłodzonego waniliowego mleka migdałowego lub rumu
- ¼ łyżeczki płynnego ekstraktu ze stewii waniliowo-kremowej
- 1 łyżka niesłodzonego holenderskiego przetworzonego proszku kakaowego

Dla batonów proteinowych:

Wyłóż patelnię do brownie o wymiarach 8x8 cali pergaminem. Odłożyć na bok.

W elektrycznej misce miksera stojącego wyposażonej w nasadkę do ubijania dodaj masło migdałowe, mleko migdałowe, espresso i ekstrakt ze stewii. Mieszaj na niskich obrotach podczas przygotowywania suchych składników.

W średniej wielkości misce wymieszaj białko w proszku, mąkę owsianą, granulki kawy rozpuszczalnej i sól. Wyłącz mikser stojący i wrzuć suche składniki. Przywróć mikser do niskiej prędkości i mieszaj, aż składniki zostaną w pełni połączone. W razie potrzeby zeskrob boki miski. Mieszanka powinna być gęsta i puszysta, jak ciasto na ciasteczka.

Wrzuć miksturę do przygotowanej patelni brownie i spłaszcz ją. Szczelnie przykryj patelnię folią i wstaw na noc do lodówki.

Wyjmij miksturę z patelni. Pokrój na 12 batonów.

Do polewy z serka śmietankowego:

W średniej wielkości misce wymieszaj mascarpone, mleko migdałowe (lub rum) i ekstrakt ze stewii.

Zbierz mieszankę do worka do szprycowania z okrągłą końcówką (#804). Nałóż lukier wzdłuż krawędzi batonów, a następnie wypełnij środek. Jeśli nie masz worka do szprycowania, po prostu rozłóż lukier na batonach grzbietem łyżki.

Lekko posyp kakao w proszku na batonach. Aby przechowywać, po prostu umieść arkusz pergaminu na podstawie z ciastem, ułóż na nim batoniki białkowe i przykryj kopułą ciasta.

80. Batony proteinowe S'mores

Batony białkowe:

- 128g (½ szklanki) prażonego masła migdałowego
- 270g (1 szklanka + 2 łyżki) niesłodzonego mleka migdałowego waniliowego
- ½ łyżeczki płynnego ekstraktu ze stewii waniliowo-kremowej
- 168g (1¼ filiżanki, lekko zapakowane) Białko z Brązowego Ryżu Czekoladowego
- 1½ szklanki okruchów krakersowych Graham
- ⅛ łyżeczka soli
- Lukier sernikowy:
- 12 całkowicie naturalnych pianek waniliowych
- 6 uncji roztopionej gorzkiej czekolady (70% kakao)
- 21g (1½ łyżki stołowej) oleju kokosowego w postaci płynnej

Dla batonów proteinowych:

Wyłóż patelnię do brownie o wymiarach 8x8 cali pergaminem. Odłożyć na bok.

W elektrycznej misce miksera stojącego wyposażonej w ubijak dodaj masło migdałowe, mleko migdałowe i ekstrakt ze stewii. Mieszaj na niskich obrotach podczas przygotowywania suchych składników.

W średniej wielkości misce wymieszaj białko w proszku, pokruszone krakersy graham i sól. Wyłącz mikser stojący i wrzuć suche składniki. Przywróć mikser do niskiej prędkości i mieszaj, aż składniki zostaną w pełni połączone. W razie potrzeby zeskrob boki miski. Mieszanka powinna być gęsta i puszysta, jak ciasto na ciasteczka.

Wrzuć miksturę do przygotowanej patelni brownie i spłaszcz ją. Szczelnie przykryj patelnię folią i wstaw na noc do lodówki.

Wyjmij miksturę z patelni. Pokrój na 12 batonów.

Umieść silikonową matę do pieczenia na wierzchu patelni do galaretek i wyłóż batony proteinowe na wierzchu.

Do polewy z serka śmietankowego:

Pokrój pianki na pół, aby uzyskać 24 kawałki. Delikatnie naciśnij 2 połówki pianki marshmallow, pokrojoną stroną do dołu, na wierzch każdego batonu proteinowego.

Wymieszaj olej kokosowy z rozpuszczoną czekoladą.

Dużą łyżką nałóż roztopioną czekoladę na batony proteinowe. Spróbuj oblać cały baton proteinowy czekoladą, ale nie musi to być idealne.

Wstaw do lodówki do stwardnienia (~1 godziny). Indywidualnie zawinąć batony proteinowe w plastikowe torebki kanapkowe i przechowywać w lodówce (przechowywać przez ~5 dni).

81. Batony proteinowe Nutella Krówka

Składniki:

- 128g (½ szklanki) prażonego masła orzechowego
- 270g (1 szklanka + 2 łyżki) niesłodzonego mleka migdałowego waniliowego
- 1 łyżeczka płynnego ekstraktu ze stewii waniliowo-kremowej
- 168g (1¼ filiżanki, lekko zapakowane) Białko z Brązowego Ryżu Czekoladowego
- 30g (¼ szklanki) mąki owsianej
- 12g (2 łyżki) niesłodzonego holenderskiego przetworzonego proszku kakaowego
- ⅛ łyżeczka soli
- ¼ szklanki Mini półsłodkich chipsów czekoladowych (opcjonalnie)

Wyłóż patelnię do brownie o wymiarach 8x8 cali pergaminem. Odłożyć na bok.

W elektrycznej misce miksera stojącego wyposażonej w nasadkę do ubijania dodaj masło orzechowe, mleko migdałowe i ekstrakt ze stewii. Mieszaj na niskich obrotach podczas przygotowywania suchych składników.

W średniej wielkości misce wymieszaj białko w proszku, mąkę owsianą, kakao w proszku i sól. Wyłącz mikser stojący i wrzuć suche składniki. Przywróć mikser do niskiej prędkości i mieszaj, aż suche składniki zostaną w pełni połączone. Zeskrob w dół boki miski, dodaj opcjonalne mini kawałeczki czekolady, a następnie wróć do niskiej prędkości, aby zrobić ostatnią mieszankę. Mieszanka powinna być gęsta i puszysta, jak ciasto na ciasteczka.

Wrzuć miksturę do formy do brownie i spłaszcz ją. Szczelnie przykryj patelnię folią i wstaw na noc do lodówki.

Wyjmij miksturę z patelni. Pokrój na 10 batonów. Indywidualnie zawijaj batony proteinowe w plastikowe torebki kanapkowe i przechowuj w lodówce.

Wydajność: 10 batonów białkowych

82. Batony proteinowe Mocha Krówka

Składniki:

- 128g (½ szklanki) prażonego masła migdałowego
- 160g (⅔ szklanki) niesłodzonego mleka migdałowego waniliowego
- 120g (½ szklanki) parzonego espresso, schłodzonego do temperatury pokojowej
- 1 łyżeczka płynnego ekstraktu ze stewii waniliowo-kremowej
- 168g (1¼ filiżanki, lekko zapakowane) Białko z Brązowego Ryżu Czekoladowego
- 80g (⅔ szklanki) mąki owsianej
- 10g (2 łyżki) niesłodzonego naturalnego proszku kakaowego
- ⅛ łyżeczka soli
- ¼ szklanki Mini półsłodkich chipsów czekoladowych (opcjonalnie)

Wyłóż patelnię do brownie o wymiarach 8x8 cali pergaminem. Odłożyć na bok.

W elektrycznej misce miksera stojącego wyposażonej w nasadkę do ubijania dodaj masło migdałowe, mleko migdałowe, espresso i ekstrakt ze stewii. Mieszaj na niskich obrotach podczas przygotowywania suchych składników.

W średniej wielkości misce wymieszaj białko w proszku, mąkę owsianą, kakao w proszku i sól. Wyłącz mikser stojący i wrzuć suche składniki. Przywróć mikser do niskiej prędkości i mieszaj, aż suche składniki zostaną w pełni połączone. Zeskrob w dół boki miski, dodaj opcjonalne mini kawałeczki czekolady, a następnie wróć do niskiej prędkości, aby zrobić ostatnią mieszankę. Mieszanka powinna być gęsta i puszysta, jak ciasto na ciasteczka.

Wrzuć miksturę do formy do brownie i spłaszcz ją. Szczelnie przykryj patelnię folią i wstaw na noc do lodówki.

Wyjmij miksturę z patelni. Pokrój na 10 batonów. Indywidualnie zawijaj batony proteinowe w plastikowe torebki kanapkowe i przechowuj w lodówce.

Wydajność: 10 batonów białkowych

83. Karmelowe batony proteinowe Macchiato

Batony białkowe:

- 128g (½ szklanki) prażonego masła nerkowca
- 160g (⅔szklanki) niesłodzonego mleka migdałowego waniliowego
- 120g (½ szklanki) parzonego espresso, schłodzonego do temperatury pokojowej
- 1 łyżeczka pasty waniliowej z fasoli (możesz to zrobić w domu!)
- 1 łyżeczka płynnego ekstraktu ze stewii o smaku angielskiego toffi
- 168g (1¼ filiżanki, lekko zapakowane) białko w proszku z brązowego ryżu waniliowego
- 120g (1 szklanka) mąki owsianej
- ⅛ łyżeczka soli
- Karmelowo-Kawa Lukier:
- 105g (⅓szklanki) Organiczny sos karmelowy
- 63g (½ szklanki, lekko zapakowane) białko w proszku z brązowego ryżu waniliowego
- ½ łyżeczki kawy rozpuszczalnej w granulkach

Dla batonów proteinowych:

Wyłóż patelnię do brownie o wymiarach 8x8 cali pergaminem. Odłożyć na bok.

W elektrycznej misce miksera stojącego wyposażonej w ubijak dodaj masło z nerkowców, mleko migdałowe, espresso, pastę waniliową i ekstrakt ze stewii.

Mieszaj na niskich obrotach podczas przygotowywania suchych składników.

W średniej wielkości misce wymieszaj białko w proszku, mąkę owsianą i sól. Wyłącz mikser stojący i wrzuć suche składniki. Przywróć mikser do niskiej prędkości i mieszaj, aż suche składniki zostaną w pełni połączone. W razie potrzeby zeskrob boki miski. Mieszanka powinna być gęsta i puszysta, jak ciasto na ciasteczka.

Wrzuć miksturę do przygotowanej patelni brownie i spłaszcz ją.

Do polewy karmelowo-kawowej:

W małej misce wymieszaj sos karmelowy, białko w proszku i granulki kawy rozpuszczalnej. Mieszanka powinna być gęsta i lekko lepka.

Nałóż miksturę na bazę batonów proteinowych i rozprowadź na brzegach patelni grzbietem łyżki. Umieść w zamrażarce bez przykrycia na 1 godzinę.

Wyjmij miksturę z patelni. Pokrój na 12 batonów. Aby przechowywać, po prostu umieść arkusz pergaminu na podstawie z ciastem, ułóż na nim batoniki białkowe i przykryj kopułą ciasta.

84. Miętowe batony proteinowe z czekoladą

Batony białkowe:

- 270g (1 szklanka + 2 łyżki) niesłodzonego mleka migdałowego waniliowego
- 3 kubki, pakowane Organiczny szpinak dziecięcy
- 128g (½ szklanki) surowego masła migdałowego
- 2 łyżeczki płynnego ekstraktu ze stewii waniliowo-kremowej
- 2 łyżeczki Smaku Miętowego
- 168g (1¼ filiżanki, lekko zapakowane) białko w proszku z brązowego ryżu waniliowego
- 120g (1 szklanka) mąki owsianej
- 1½ łyżki proszku z łuski psyllium
- ⅛ łyżeczka soli

Powłoka czekoladowa:

- 6 uncji roztopionej gorzkiej czekolady (70% kakao)
- 2 łyżeczki Smaku Miętowego

Dla batonów proteinowych:

Wyłóż patelnię do brownie o wymiarach 8x8 cali pergaminem. Odłożyć na bok.

W robocie kuchennym zmiksuj mleko migdałowe i szpinak, aż będą całkowicie gładkie.

W elektrycznej misce miksera stojącego wyposażonej w nasadkę do ubijania dodaj mieszankę „zielone mleko migdałowe", masło migdałowe, ekstrakt ze stewii i aromat miętowy. Mieszaj na niskich obrotach podczas przygotowywania suchych składników.

W średniej wielkości misce wymieszaj proszek białkowy, mąkę owsianą, proszek z łuski psyllium i sól. Wyłącz mikser stojący i wrzuć suche składniki. Przywróć mikser do niskiej prędkości i mieszaj, aż suche składniki zostaną w pełni połączone. W razie potrzeby zeskrob boki miski. Mieszanka powinna być gęsta i puszysta, jak ciasto na ciasteczka.

Wrzuć miksturę do przygotowanej patelni brownie i spłaszcz ją. Szczelnie przykryj patelnię folią i wstaw na noc do lodówki.

Wyjmij miksturę z patelni. Pokrój na 12 batonów.

Umieść silikonową matę do pieczenia na wierzchu patelni do galaretek i wyłóż batony proteinowe na wierzchu.

Dla polewy czekoladowej:

Wymieszaj smak miętowy z rozpuszczoną czekoladą.

Dużą łyżką nałóż roztopioną czekoladę na batony proteinowe. Spróbuj oblać cały baton proteinowy czekoladą, ale nie musi to być idealne.

Wstaw do lodówki do stwardnienia (~1 godziny). Indywidualnie zawinąć batony proteinowe w plastikowe torebki kanapkowe i przechowywać w lodówce (przechowywać przez około 4 dni).

Wydajność: 12 batonów białkowych

85. Millionaire's Protein Bars

Batony białkowe:

- 128g (½ szklanki) prażonego masła migdałowego
- 270g (1 szklanka + 2 łyżki) niesłodzonego mleka migdałowego waniliowego
- 1 łyżeczka pasty waniliowej z fasoli (możesz to zrobić w domu!)
- 1 łyżeczka płynnego ekstraktu ze stewii waniliowo-kremowej
- 168g (1¼ filiżanki, lekko zapakowane) białko w proszku z brązowego ryżu waniliowego
- 90g (¾ szklanki) mąki owsianej
- ⅛ łyżeczka soli morskiej w płatkach
- Solony Karmel Lukier:
- 105g (⅓ szklanki) Organiczny sos karmelowy
- 63g (½ szklanki, lekko zapakowane) białko w proszku z brązowego ryżu waniliowego
- ⅛ łyżeczka soli morskiej w płatkach
- Polewa czekoladowo-migdałowa:
- 6 uncji ciemnej czekolady z migdałami

Dla batonów proteinowych:

Wyłóż patelnię do brownie o wymiarach 8x8 cali pergaminem. Odłożyć na bok.

W elektrycznej misce miksera stojącego wyposażonej w ubijak dodaj masło migdałowe, mleko migdałowe, pastę waniliową i ekstrakt ze stewii. Mieszaj na niskich obrotach podczas przygotowywania suchych składników.

W średniej wielkości misce wymieszaj białko w proszku, mąkę owsianą i sól. Wyłącz mikser stojący i wrzuć suche składniki. Przywróć mikser do niskiej prędkości i mieszaj, aż suche składniki zostaną w pełni połączone. W razie potrzeby zeskrob boki miski. Mieszanka powinna być gęsta i puszysta, jak ciasto na ciasteczka.

Wrzuć miksturę do przygotowanej patelni brownie i spłaszcz ją. Szczelnie przykryj patelnię folią i wstaw na noc do lodówki.

Do polewy z solonym karmelem:

W małej misce wymieszaj sos karmelowy, białko w proszku i sól. Mieszanka powinna być gęsta i lekko lepka.

Nałóż miksturę na bazę batonów proteinowych i rozprowadź na brzegach patelni grzbietem łyżki. Umieść w zamrażarce bez przykrycia na 1 godzinę.

Wyjmij miksturę z patelni. Pokrój na 12 batonów.

Umieść silikonową matę do pieczenia na wierzchu patelni do galaretek i wyłóż batony proteinowe na wierzchu.

Dla polewy czekoladowo-migdałowej:

Dużą łyżką nałóż roztopioną czekoladę na batony proteinowe. Postaraj się oblać czekoladą cały baton, ale nie musi to być idealne. Zapraszam do uzupełnienia batoników odrobiną soli do dekoracji!

Wstaw do lodówki do stwardnienia (~1 godziny). Indywidualnie zawijaj batony proteinowe w plastikowe torebki kanapkowe i przechowuj w lodówce.

Wydajność: 12 batonów białkowych

86. Batony proteinowe Scotcheroo

Batony białkowe:

- 128g (½ szklanki) Naturalnego Pieczonego Masła Orzechowego

- 210g (½ szklanki + 2 łyżki) czystego syropu klonowego

- 1 łyżeczka Naturalnego Smaku Toffi

- 65g (⅔ szklanki) białka serwatkowego waniliowego w proszku

- ¼ łyżeczki soli

- 150g (5 filiżanek) Płatki z chrupiącego brązowego ryżu

- Polewa czekoladowa:

- 3 uncje organicznej czekolady mlecznej (34% kakao), stopiona

Dla batonów proteinowych:

Wyłóż patelnię do brownie o wymiarach 8x8 cali pergaminem. Odłożyć na bok.

W dużej misce wymieszaj za pomocą silikonowej szpatułki masło orzechowe, czysty syrop klonowy i aromat toffi.

Gdy mieszanina będzie gładka i równa, wymieszaj proszek białkowy i sól.

Ostrożnie dodaj chrupiące płatki z brązowego ryżu. Gdy płatki zbożowe zostaną całkowicie zmieszane, zgarnij mieszankę do przygotowanej patelni do brownie i spłaszcz ją silikonową szpatułką.

Na polewę czekoladową:

Wlej rozpuszczoną czekoladę na spód Scotcheroo i przechyl patelnię, aż czekolada pokryje całą powierzchnię. Wstaw do lodówki do stwardnienia (~1 godziny).

Wyjmij miksturę z patelni. Pokrój na 32 paski 2x1". Zawiń szkockie w plastikowe torebki na kanapki i wstaw do lodówki do przechowywania.

Wydajność: 32 Scotcheroo

87. Batony proteinowe Elvisa

Wydajność: 10 batonów białkowych

Składniki:

- 128g (½ szklanki) Naturalnego Pieczonego Masła Orzechowego
- 240g (1 szklanka) niesłodzonego mleka migdałowego waniliowego
- 1 łyżeczka płynnego ekstraktu ze stewii waniliowo-kremowej
- ½ łyżeczki Smaku Bananowego
- 168g (1¼ filiżanki, lekko zapakowane) białko w proszku z brązowego ryżu waniliowego
- ½ szklanki liofilizowanych bananów, zmielonych na proszek (miarka po zmieleniu)
- 40g (⅓ szklanki) mąki owsianej
- ⅛ łyżeczka soli
- ¼ szklanki Boczku Bits

a) Wyłóż patelnię do brownie o wymiarach 8x8 cali pergaminem. Odłożyć na bok.

b) W elektrycznej misce miksera stojącego wyposażonej w ubijak dodaj masło orzechowe, mleko migdałowe, ekstrakt ze stewii i aromat bananowy. Mieszaj na niskich obrotach podczas przygotowywania suchych składników.

c) W średniej wielkości misce wymieszaj białko w proszku, proszek bananowy, mąkę owsianą i sól. Wyłącz mikser stojący i wrzuć suche składniki. Przywróć mikser do niskiej prędkości i mieszaj, aż suche składniki zostaną w pełni połączone. Zeskrob po bokach miski, dodaj kawałki bekonu, a następnie wróć do niskiej prędkości na ostatnią mieszankę. Mieszanka powinna być gęsta i puszysta, jak ciasto na ciasteczka.

d) Wrzuć miksturę do formy do brownie i spłaszcz ją. Szczelnie przykryj patelnię folią i wstaw na noc do lodówki.

e) Wyjmij miksturę z patelni. Pokrój na 10 batonów. Indywidualnie zawinąć batony proteinowe w plastikowe torebki kanapkowe i przechowywać w lodówce (przechowywać przez ~5 dni).

88. Batony proteinowe z masłem orzechowym i galaretką

Składniki:

- 128g (½ szklanki) Naturalnego Pieczonego Masła Orzechowego

- 270g (1 szklanka + 2 łyżki) niesłodzonego mleka migdałowego waniliowego

- ¾ łyżeczka płynnego ekstraktu ze stewii waniliowo-kremowej

- 168g (1¼ filiżanki, lekko zapakowane) białko w proszku z brązowego ryżu waniliowego

- 80g (⅔ szklanki) mąki owsianej

- ¼ łyżeczki soli

- 10 łyżeczek pasty truskawkowej 100% (lub o innym smaku owocowym)

- ¼ szklanki prażonych orzeszków ziemnych, posiekanych

Wyłóż patelnię do brownie o wymiarach 8x8 cali pergaminem. Odłożyć na bok.

W elektrycznej misce miksera stojącego wyposażonej w nasadkę do ubijania dodaj masło orzechowe, mleko migdałowe i ekstrakt ze stewii. Mieszaj na niskich obrotach podczas przygotowywania suchych składników.

W średniej wielkości misce wymieszaj białko w proszku, mąkę owsianą i sól. Wyłącz mikser stojący i wrzuć suche składniki. Przywróć mikser do niskiej prędkości i mieszaj, aż suche składniki zostaną w pełni połączone. W razie potrzeby zeskrob boki miski. Mieszanka powinna być gęsta i puszysta, jak ciasto na ciasteczka.

Wrzuć miksturę do formy do brownie i spłaszcz ją. Szczelnie przykryj patelnię folią i wstaw na noc do lodówki.

Wyjmij miksturę z patelni. Pokrój na 10 batonów. Rozłóż owoce na batonach proteinowych (1 łyżeczka na każdy baton) i posyp posiekane orzeszki ziemne. Aby przechowywać, po prostu umieść arkusz pergaminu na podstawie z ciastem, ułóż na nim batoniki białkowe i przykryj kopułą ciasta.

Wydajność: 10 batonów białkowych

89. Matcha Batony proteinowe krówki z zielonej herbaty i migdałów

Składniki:

- 128g (½ szklanki) prażonego masła migdałowego
- 240g (1 szklanka) niesłodzonego mleka migdałowego waniliowego
- 1 łyżeczka płynnego ekstraktu ze stewii waniliowo-kremowej
- ½ łyżeczki ekstraktu z migdałów
- 168g (1¼ filiżanki, lekko zapakowane) białko w proszku z brązowego ryżu waniliowego
- 40g (⅓ szklanki) mąki owsianej
- 5 łyżeczek Matcha w proszku
- ⅛ łyżeczka soli
- 1 uncja roztopionej organicznej białej czekolady

Wyłóż patelnię do brownie o wymiarach 8x8 cali pergaminem. Odłożyć na bok.

W elektrycznej misce miksera stojącego wyposażonej w nasadkę do ubijania dodaj masło migdałowe, mleko migdałowe, ekstrakt ze stewii i ekstrakt migdałowy. Mieszaj na niskich obrotach podczas przygotowywania suchych składników.

W średniej wielkości misce wymieszaj białko w proszku, mąkę owsianą, matchę i sól. Wyłącz mikser stojący i wrzuć suche składniki.

Przywróć mikser do niskiej prędkości i mieszaj, aż składniki zostaną w pełni połączone. W razie potrzeby zeskrob boki miski. Mieszanka powinna być krucha, jak ciasto na ciasteczka.

Wrzuć miksturę do formy do brownie i spłaszcz ją. Szczelnie przykryj patelnię folią i wstaw na noc do lodówki.

Wyjmij miksturę z patelni. Pokrój na 10 batonów.

Polej batony rozpuszczoną białą czekoladą. Wstawić do lodówki do stwardnienia (~30 minut).

Indywidualnie zawijaj batony proteinowe w plastikowe torebki kanapkowe i przechowuj w lodówce.

Wydajność: 10 batonów białkowych

90. Super Greens Fudge Batony proteinowe

Składniki:

- 128g (½ szklanki) surowego masła migdałowego

- 270g (1 szklanka + 2 łyżki) niesłodzonego mleka migdałowego waniliowego

- 1 łyżeczka płynnego ekstraktu ze stewii waniliowo-kremowej

- 40 kropli bezalkoholowego koncentratu chlorofilu w płynie (opcjonalnie, to tylko dla ładniejszego zielonego koloru)

- 168g (1¼ filiżanki, lekko zapakowane) białko w proszku z brązowego ryżu waniliowego

- 60g (½ szklanki) mąki owsianej

- 50g (⅓ szklanki, zapakowane) Original Amazing Grass Amazing Meal Powder

- ⅛ łyżeczka soli

- ¼ szklanki Mini półsłodkich chipsów czekoladowych lub kawałków kakao

Wyłóż patelnię do brownie o wymiarach 8x8 cali pergaminem. Odłożyć na bok.

W elektrycznej misce miksera stojącego wyposażonej w nasadkę do ubijania dodaj masło migdałowe, mleko migdałowe, ekstrakt ze stewii i opcjonalnie płynny chlorofil. Mieszaj na niskich obrotach podczas przygotowywania suchych składników.

W średniej wielkości misce wymieszaj białko w proszku, mąkę owsianą, proszek Amazing Grass Amazing Meal i sól. Wyłącz mikser stojący i wrzuć suche składniki. Przywróć mikser do niskiej prędkości i mieszaj, aż suche składniki zostaną w pełni połączone. W razie potrzeby zeskrob boki miski. Mieszanka powinna być gęsta i puszysta, jak ciasto na ciasteczka.

Wrzuć miksturę do przygotowanej patelni brownie i spłaszcz ją. Posyp mini kawałkami czekolady lub śrutami kakaowymi na wierzchu i wciśnij je w powierzchnię. Szczelnie przykryj patelnię folią i wstaw na noc do lodówki.

Wyjmij miksturę z patelni. Pokrój na 10 batonów. Indywidualnie zawinąć batony proteinowe w plastikowe torebki kanapkowe i przechowywać w lodówce (przechowywać przez ~5 dni).

Wydajność: 10 batonów białkowych

91. Napompowane batony białkowe

Batony białkowe:

- 128g (½ szklanki) prażonego masła migdałowego
- 270g (1 szklanka + 2 łyżki) niesłodzonego mleka migdałowego waniliowego
- 1 łyżeczka płynnego ekstraktu ze stewii waniliowo-kremowej
- 168g (1¼ filiżanki, lekko zapakowane) Białko z Brązowego Ryżu Czekoladowego
- 80g (⅔ szklanki) mąki owsianej
- ⅛ łyżeczka soli

Warstwa karmelowa:

- 105g (⅓ szklanki) Organiczny sos karmelowy
- 63g (½ szklanki, lekko zapakowane) białko w proszku z brązowego ryżu waniliowego
- Polewa czekoladowo-migdałowa:

6 uncji Czekolady Mlecznej z Solonymi Migdałami, roztopiona

Dla batonów proteinowych:

Wyłóż patelnię do brownie o wymiarach 8x8 cali pergaminem. Odłożyć na bok.

W elektrycznej misce miksera stojącego wyposażonej w ubijak dodaj masło migdałowe, mleko migdałowe i ekstrakt ze stewii.

Mieszaj na niskich obrotach podczas przygotowywania suchych składników.

W średniej wielkości misce wymieszaj białko w proszku, mąkę owsianą i sól. Wyłącz mikser stojący i wrzuć suche składniki. Przywróć mikser do niskiej prędkości i mieszaj, aż suche składniki zostaną w pełni połączone. W razie potrzeby zeskrob boki miski. Mieszanka powinna być gęsta i puszysta, jak ciasto na ciasteczka.

Wrzuć miksturę do przygotowanej patelni brownie i spłaszcz ją.

Dla warstwy karmelowej:

W małej misce wymieszaj sos karmelowy i białko w proszku. Mieszanka powinna być gęsta i lekko lepka.

Nałóż miksturę na bazę batonów proteinowych i rozprowadź na brzegach patelni grzbietem łyżki. Umieść w zamrażarce bez przykrycia na 1 godzinę.

Wyjmij miksturę z patelni. Pokrój na 12 batonów.

Umieść silikonową matę do pieczenia na wierzchu patelni do galaretek i wyłóż batony proteinowe na wierzchu.

Dla polewy czekoladowo-migdałowej:

Dużą łyżką nałóż roztopioną czekoladę na batony proteinowe. Postaraj się oblać czekoladą cały baton, ale nie musi to być idealne.

Wstaw do lodówki do stwardnienia (~1 godziny). Indywidualnie zawijaj batony proteinowe w plastikowe torebki kanapkowe i przechowuj w lodówce.

92. Rozdrobnione batony białkowe

Batony białkowe:

- 128g (½ szklanki) prażonego masła migdałowego
- 270g (1 szklanka + 2 łyżki) niesłodzonego mleka migdałowego waniliowego
- 1 łyżeczka płynnego ekstraktu ze stewii waniliowo-kremowej
- ½ łyżeczki Smaku Naturalnego Masła
- 168g (1¼ filiżanki, lekko zapakowane) białko w proszku z brązowego ryżu waniliowego
- 80g (⅔ szklanki) mąki owsianej
- ⅛ łyżeczka soli

Warstwa karmelowa:

- 105g (⅓ szklanki) Organiczny sos karmelowy
- 63g (½ szklanki, lekko zapakowane) białko w proszku z brązowego ryżu waniliowego

Powłoka czekoladowa:

- 6 uncji organicznej czekolady mlecznej (34% kakao), roztopionej

Dla batonów proteinowych:

Wyłóż patelnię do brownie o wymiarach 8x8 cali pergaminem. Odłożyć na bok.

W elektrycznej misce miksera stojącego wyposażonej w nasadkę do ubijania dodaj masło migdałowe, mleko migdałowe, ekstrakt ze stewii i aromat maślany. Mieszaj na niskich obrotach podczas przygotowywania suchych składników.

W średniej wielkości misce wymieszaj białko w proszku, mąkę owsianą i sól. Wyłącz mikser stojący i wrzuć suche składniki. Przywróć mikser do niskiej prędkości i mieszaj, aż suche składniki zostaną w pełni połączone. W razie potrzeby zeskrob boki miski. Mieszanka powinna być gęsta i puszysta, jak ciasto na ciasteczka.

Wrzuć miksturę do przygotowanej patelni brownie i spłaszcz ją.

Dla warstwy karmelowej:

W małej misce wymieszaj sos karmelowy i białko w proszku. Mieszanka powinna być gęsta i lekko lepka.

Nałóż miksturę na bazę batonów proteinowych i rozprowadź na brzegach patelni grzbietem łyżki. Umieść w zamrażarce bez przykrycia na 1 godzinę.

Wyjmij miksturę z patelni. Pokrój na 12 batonów.

Umieść silikonową matę do pieczenia na wierzchu patelni do galaretek i wyłóż batony proteinowe na wierzchu.

Dla polewy czekoladowej:

Dużą łyżką nałóż roztopioną czekoladę na batony proteinowe. Postaraj się oblać czekoladą cały baton, ale nie musi to być idealne.

Wstaw do lodówki do stwardnienia (~1 godziny). Indywidualnie zawijaj batony proteinowe w plastikowe torebki kanapkowe i przechowuj w lodówce.

Wydajność: 12 batonów białkowych

93. Batony proteinowe wołowe

Batony białkowe:

- 128g (½ szklanki) Naturalnego Pieczonego Masła Orzechowego
- 270g (1 szklanka + 2 łyżki) niesłodzonego mleka migdałowego waniliowego
- 1 łyżeczka płynnego ekstraktu ze stewii waniliowo-kremowej
- 168g (1¼ filiżanki, lekko zapakowane) białko w proszku z brązowego ryżu waniliowego
- 80g (⅔ szklanki) mąki owsianej
- ⅛ łyżeczka soli

Warstwa karmelowa:

- 105g (⅓ szklanki) Organiczny sos karmelowy
- 63g (½ szklanki, lekko zapakowane) białko w proszku z brązowego ryżu waniliowego
- ¼ szklanki prażonych orzeszków ziemnych

Powłoka czekoladowa:

- 6 uncji organicznej czekolady mlecznej (34% kakao), roztopionej

Dla batonów proteinowych:

Wyłóż patelnię do brownie o wymiarach 8x8 cali pergaminem. Odłożyć na bok.

W elektrycznej misce miksera stojącego wyposażonej w nasadkę do ubijania dodaj masło orzechowe, mleko migdałowe i ekstrakt ze stewii. Mieszaj na niskich obrotach podczas przygotowywania suchych składników.

W średniej wielkości misce wymieszaj białko w proszku, mąkę owsianą i sól. Wyłącz mikser stojący i wrzuć suche składniki. Przywróć mikser do niskiej prędkości i mieszaj, aż suche składniki zostaną w pełni połączone. W razie potrzeby zeskrob boki miski. Mieszanka powinna być gęsta i puszysta, jak ciasto na ciasteczka.

Wrzuć miksturę do przygotowanej patelni brownie i spłaszcz ją.

Dla warstwy karmelowej:

W małej misce wymieszaj sos karmelowy i białko w proszku. Mieszanka powinna być gęsta i lekko lepka.

Nałóż miksturę na bazę batonów proteinowych i rozprowadź na brzegach patelni grzbietem łyżki. Posyp posiekane orzeszki ziemne na wierzchu i wciśnij je w powierzchnię. Umieść w zamrażarce bez przykrycia na 1 godzinę.

Wyjmij miksturę z patelni. Pokrój na 12 batonów.

Umieść silikonową matę do pieczenia na wierzchu patelni do galaretek i wyłóż batony proteinowe na wierzchu.

Dla polewy czekoladowej:

Dużą łyżką nałóż roztopioną czekoladę na batony proteinowe. Postaraj się oblać czekoladą cały baton, ale nie musi to być idealne.

Wstaw do lodówki do stwardnienia (~1 godziny). Indywidualnie zawijaj batony proteinowe w plastikowe torebki kanapkowe i przechowuj w lodówce.

Wydajność: 12 batonów białkowych

94. W batonach proteinowych Buff

Batony białkowe:

- 128g (½ szklanki) Naturalnego Pieczonego Masła Orzechowego
- 270g niesłodzonego mleka migdałowego waniliowego
- 1 łyżeczka płynnego ekstraktu ze stewii waniliowo-kremowej
- 168g (1¼ filiżanki, lekko zapakowane) białko w proszku z brązowego ryżu waniliowego
- 80g (⅔ szklanki) mąki owsianej
- ⅛ łyżeczka soli

Powłoka czekoladowa:

- 6 uncji organicznej czekolady mlecznej (34% kakao), roztopionej

Dla batonów proteinowych:

Wyłóż patelnię do brownie o wymiarach 8x8 cali pergaminem. Odłożyć na bok.

W elektrycznej misce miksera stojącego wyposażonej w nasadkę do ubijania dodaj masło orzechowe, mleko migdałowe i ekstrakt ze stewii. Mieszaj na niskich obrotach podczas przygotowywania suchych składników.

W średniej wielkości misce wymieszaj białko w proszku, mąkę owsianą i sól. Wyłącz mikser stojący i wrzuć suche składniki.

Przywróć mikser do niskiej prędkości i mieszaj, aż suche składniki zostaną w pełni połączone. W razie potrzeby zeskrob boki miski. Mieszanka powinna być gęsta i puszysta, jak ciasto na ciasteczka.

Wrzuć miksturę do przygotowanej patelni brownie i spłaszcz ją. Szczelnie przykryj patelnię folią i wstaw na noc do lodówki.

Wyjmij miksturę z patelni. Pokrój na 10 batonów.

Umieść silikonową matę do pieczenia na wierzchu patelni do galaretek i wyłóż batony proteinowe na wierzchu.

Dla polewy czekoladowej:

Dużą łyżką nałóż roztopioną czekoladę na batony proteinowe. Postaraj się oblać czekoladą cały baton, ale nie musi to być idealne.

Wstaw do lodówki do stwardnienia (~1 godziny). Indywidualnie zawijaj batony proteinowe w plastikowe torebki kanapkowe i przechowuj w lodówce.

Wydajność: 10 batonów białkowych

95. Batony proteinowe Let's Race

Batony białkowe:

- 128g (½ szklanki) Naturalnego Pieczonego Masła Orzechowego
- 270g (1 szklanka + 2 łyżki) niesłodzonego mleka migdałowego waniliowego
- 1 łyżeczka płynnego ekstraktu ze stewii waniliowo-kremowej
- 168g (1¼ filiżanki, lekko zapakowane) białko w proszku z brązowego ryżu waniliowego
- 80g (⅔ szklanki) mąki owsianej
- ⅛ łyżeczka soli

Dodatki:

- 105g (⅓ szklanki) Organiczny sos karmelowy
- 63g (½ szklanki, lekko zapakowane) białko w proszku z brązowego ryżu waniliowego
- 24 paluszki precla
- ¼ szklanki prażonych orzeszków ziemnych, posiekanych

Powłoka czekoladowa:

- 6 uncji organicznej czekolady mlecznej (34% kakao), roztopionej

Dla batonów proteinowych:

Wyłóż patelnię do brownie o wymiarach 8x8 cali pergaminem. Odłożyć na bok.

W elektrycznej misce miksera stojącego wyposażonej w nasadkę do ubijania dodaj masło orzechowe, mleko migdałowe i ekstrakt ze stewii. Mieszaj na niskich obrotach podczas przygotowywania suchych składników.

W średniej wielkości misce wymieszaj białko w proszku, mąkę owsianą i sól. Wyłącz mikser stojący i wrzuć suche składniki. Przywróć mikser do niskiej prędkości i mieszaj, aż suche składniki zostaną w pełni połączone. W razie potrzeby zeskrob boki miski. Mieszanka powinna być gęsta i puszysta, jak ciasto na ciasteczka.

Wrzuć miksturę do przygotowanej patelni brownie i spłaszcz ją.

Na dodatki:

W małej misce wymieszaj sos karmelowy i białko w proszku. Mieszanka powinna być gęsta i lekko lepka.

Nałóż miksturę na bazę batonów proteinowych i rozprowadź na brzegach patelni grzbietem łyżki. Do karmelu wcisnąć paluszki (dwa paluszki na baton) i posiekane orzeszki ziemne. Umieść w zamrażarce bez przykrycia na 1 godzinę.

Wyjmij miksturę z patelni. Pokrój na 12 batonów.

Umieść silikonową matę do pieczenia na wierzchu patelni do galaretek i wyłóż batony proteinowe na wierzchu.

Dla polewy czekoladowej:

Dużą łyżką nałóż roztopioną czekoladę na batony proteinowe. Postaraj się oblać czekoladą cały baton, ale nie musi to być idealne.

Wstaw do lodówki do stwardnienia (~1 godziny). Pojedynczo zawijaj batony proteinowe w plastikowe torebki kanapkowe i przechowuj w lodówce (przechowuj przez około 1 tydzień, ale precle będą najbardziej chrupiące przez pierwsze kilka dni).

Wydajność: 12 batonów białkowych

96. Zdrowe batony białkowe Chubby Hubby

Batony białkowe:

- 128g (½ szklanki) Naturalnego Pieczonego Masła Orzechowego
- 270g (1 szklanka + 2 łyżki) niesłodzonego mleka migdałowego waniliowego
- 1 łyżeczka płynnego ekstraktu ze stewii waniliowo-kremowej
- 168g (1¼ filiżanki, lekko zapakowane) białko w proszku z brązowego ryżu waniliowego
- 80g (⅔ szklanki) mąki owsianej
- ¼ łyżeczki soli

Dodatki:

- 2 uncje roztopionej gorzkiej czekolady (70% kakao)
- ~1½ szklanki paluszków precla, pokrojonych na 1¼" kawałki

Dla batonów proteinowych:

Wyłóż patelnię do brownie o wymiarach 8x8 cali pergaminem. Odłożyć na bok.

W elektrycznej misce miksera stojącego wyposażonej w nasadkę do ubijania dodaj masło orzechowe, mleko migdałowe i ekstrakt ze stewii. Mieszaj na niskich obrotach podczas przygotowywania suchych składników.

W średniej wielkości misce wymieszaj białko w proszku, mąkę owsianą i sól. Wyłącz mikser stojący i wrzuć suche składniki. Przywróć mikser do niskiej prędkości i mieszaj, aż suche składniki zostaną w pełni połączone. W razie potrzeby zeskrob boki miski. Mieszanka powinna być gęsta i puszysta, jak ciasto na ciasteczka.

Wrzuć miksturę do przygotowanej patelni brownie i spłaszcz ją. Szczelnie przykryj patelnię folią i wstaw na noc do lodówki.

Wyjmij miksturę z patelni. Pokrój na 10 batonów.

Umieść silikonową matę do pieczenia na wierzchu patelni do galaretek i wyłóż batony proteinowe na wierzchu.

Na dodatki:

Polej batony proteinowe odrobiną roztopionej czekolady, a następnie ułóż posiekane precle na wierzchu, aby przylegały. Precle skropić pozostałą czekoladą.

Wstaw do lodówki do stwardnienia (~1 godziny). Pojedynczo zawijaj batony proteinowe w plastikowe torebki kanapkowe i przechowuj w lodówce (przechowuj przez około tydzień, ale precle będą najchrupsze przez pierwsze kilka dni... więc zjedz je!).

Wydajność: 10 batonów białkowych

97. Potężne batony proteinowe

Składniki:

- 128g (½ szklanki) Naturalnego Pieczonego Masła Orzechowego

- 240g (1 szklanka) niesłodzonego mleka migdałowego waniliowego

- 160g (½ szklanki) organicznego sosu karmelowego

- 1 łyżeczka płynnego ekstraktu ze stewii waniliowo-kremowej

- 147g (1 szklanka, zapakowane) białko w proszku z brązowego ryżu waniliowego

- 120g (1 szklanka) mąki orzechowej

- ⅛ łyżeczka soli

- 12 uncji (3 filiżanki) prażonych orzeszków ziemnych

Wyłóż patelnię do brownie o wymiarach 8x8 cali pergaminem. Odłożyć na bok.

W elektrycznej misce miksera stojącego wyposażonej w ubijak dodaj masło orzechowe, mleko migdałowe, sos karmelowy i ekstrakt ze stewii. Mieszaj na niskich obrotach podczas przygotowywania suchych składników.

W średniej wielkości misce wymieszaj białko w proszku, mąkę arachidową i sól. Wyłącz mikser stojący i wrzuć suche składniki. Przywróć mikser do niskiej prędkości i mieszaj, aż suche składniki zostaną w pełni połączone. W razie potrzeby zeskrob boki miski. Mieszanka powinna być gęsta, puszysta i lekko lepka, jak mokre ciasto na ciastka.

Wrzuć miksturę do przygotowanej patelni brownie i spłaszcz ją. Umieść w zamrażarce na 1 godzinę.

Wyjmij miksturę z patelni. Pokrój na 12 batonów, a następnie pokrój każdy baton na pół wzdłuż, aby uzyskać 24 paski.

Dodaj orzeszki ziemne do dużego naczynia. Wciśnij paski białkowe do orzeszków ziemnych, aby całkowicie je pokryć. Zwiń każdy pasek kilka razy, aby zaokrąglić krawędzie i aby orzeszki całkowicie przylegały. Indywidualnie zawinąć batony proteinowe w plastikowe torebki kanapkowe i przechowywać w lodówce (przechowywać przez ok. 1 tydzień).

Wydajność: 24 batony białkowe

98. Dynamiczne batony białkowe

Batony białkowe:

- 128g (½ szklanki) surowego masła kokosowego, roztopionego
- 270g (1 szklanka + 2 łyżki) niesłodzonego mleka kokosowego waniliowego o temperaturze pokojowej
- 1 łyżeczka płynnego ekstraktu ze stewii o smaku kokosowym
- 168g (1¼ filiżanki, lekko zapakowane) białko w proszku z brązowego ryżu waniliowego
- 36g (¼ szklanki) mąki kokosowej
- ⅛ łyżeczka soli
- Polewa czekoladowo-kokosowa:
- 6 uncji roztopionej gorzkiej czekolady (70% kakao)
- 64g (¼ szklanki) surowego masła kokosowego

Dla batonów proteinowych:

Wyłóż patelnię do brownie o wymiarach 8x8 cali pergaminem. Odłożyć na bok.

W elektrycznej misce miksera stojącego wyposażonej w nasadkę do ubijania dodaj roztopione masło kokosowe, mleko kokosowe i ekstrakt ze stewii. Mieszaj na niskich obrotach podczas przygotowywania suchych składników.

W średniej wielkości misce wymieszaj proszek białkowy, mąkę kokosową i sól. Wyłącz mikser stojący i wrzuć suche składniki. Przywróć mikser do niskiej prędkości i mieszaj, aż suche składniki zostaną w pełni połączone. W razie potrzeby zeskrob boki miski. Mieszanka powinna być gęsta i puszysta, jak ciasto na ciasteczka.

Wrzuć miksturę do przygotowanej patelni brownie i spłaszcz ją. Szczelnie przykryj patelnię folią i wstaw na noc do lodówki.

Wyjmij miksturę z patelni i pozostaw na blacie na 10 minut, aby zmiękła. Pokrój na 12 batonów.

Umieść silikonową matę do pieczenia na wierzchu patelni do galaretek i wyłóż batony proteinowe na wierzchu.

Dla polewy czekoladowo-kokosowej:

Do roztopionej czekolady wymieszaj masło kokosowe.

Dużą łyżką nałóż roztopioną czekoladę na batony proteinowe. Postaraj się oblać czekoladą cały baton, ale nie musi to być idealne.

Wstaw do lodówki do stwardnienia (~1 godziny). Indywidualnie zawijaj batony proteinowe w plastikowe torebki kanapkowe i przechowuj w lodówce.

Wydajność: 12 batonów białkowych

99. Duo Batony proteinowe

Batony białkowe:

- 96g (6 łyżek stołowych) roztopionego surowego masła kokosowego
- 270g (1 szklanka + 2 łyżki) niesłodzonego mleka kokosowego waniliowego o temperaturze pokojowej
- 1 łyżeczka płynnego ekstraktu ze stewii o smaku kokosowym
- 1 łyżeczka ekstraktu z migdałów
- 168g (1¼ filiżanki, lekko zapakowane) białko w proszku z brązowego ryżu waniliowego
- 36g (¼ szklanki) mąki kokosowej
- ⅛ łyżeczka soli
- 48 całych migdałów
- Polewa czekoladowo-kokosowa:
- 6 uncji roztopionej gorzkiej czekolady (70% kakao)
- 64g (¼ szklanki) surowego masła kokosowego

Dla batonów proteinowych:

Wyłóż patelnię do brownie o wymiarach 8x8 cali pergaminem. Odłożyć na bok.

W elektrycznej misce miksera stojącego wyposażonej w nasadkę do ubijania dodaj roztopione masło kokosowe, mleko kokosowe, ekstrakt ze stewii i ekstrakt z migdałów. Mieszaj na niskich obrotach podczas przygotowywania suchych składników.

W średniej wielkości misce wymieszaj proszek białkowy, mąkę kokosową i sól. Wyłącz mikser stojący i wrzuć suche składniki. Przywróć mikser do niskiej prędkości i mieszaj, aż suche składniki zostaną w pełni połączone. W razie potrzeby zeskrob boki miski. Mieszanka powinna być gęsta i puszysta, jak ciasto na ciasteczka.

Wrzuć miksturę do przygotowanej patelni brownie i spłaszcz ją. Szczelnie przykryj patelnię folią i wstaw na noc do lodówki.

Wyjmij miksturę z patelni. Pokrój na 12 batonów. Nałóż 4-5 migdałów na wierzch każdego batonu proteinowego, aby utworzyć rząd migdałów.

Umieść silikonową matę do pieczenia na wierzchu patelni do galaretek i wyłóż batony proteinowe na wierzchu.

Dla polewy czekoladowo-kokosowej:

Do roztopionej czekolady wymieszaj masło kokosowe.

Dużą łyżką nałóż roztopioną czekoladę na batony proteinowe. Postaraj się oblać czekoladą cały baton, ale nie musi to być idealne.

Wstaw do lodówki do stwardnienia (~1 godziny). Indywidualnie zawijaj batony proteinowe w plastikowe torebki kanapkowe i przechowuj w lodówce.

Wydajność: 12 batonów białkowych

100. Death By Chocolate Batony proteinowe

Batony białkowe:

- 128g (½ szklanki) prażonego masła migdałowego
- 270g (1 szklanka + 2 łyżki) niesłodzonego mleka migdałowego waniliowego
- 1 łyżeczka płynnego ekstraktu ze stewii waniliowo-kremowej
- ½ łyżeczki Smaku Naturalnego Masła
- 168g (1¼ filiżanki, lekko zapakowane) Białko z Brązowego Ryżu Czekoladowego
- 80g (⅔ szklanki) mąki owsianej
- 20g (¼ szklanki) niesłodzonego naturalnego proszku kakaowego
- ¼ łyżeczki soli

Czekoladowy lukier:

- 230g (1 szklanka) Zwykły, beztłuszczowy jogurt grecki
- ½ łyżeczki płynnego ekstraktu ze stewii waniliowo-kremowej
- 10g (2 łyżki) niesłodzonego naturalnego proszku kakaowego

Powłoka czekoladowa:

- 8 uncji roztopionej gorzkiej czekolady (70% kakao)
- ¼ szklanki Mini półsłodkich chipsów czekoladowych

Dla batonów proteinowych:

Wyłóż patelnię do brownie o wymiarach 8x8 cali pergaminem. Odłożyć na bok.

W elektrycznej misce miksera stojącego wyposażonej w nasadkę do ubijania dodaj masło migdałowe, mleko migdałowe, ekstrakt ze stewii i aromat maślany. Mieszaj na niskich obrotach podczas przygotowywania suchych składników.

W średniej wielkości misce wymieszaj białko w proszku, mąkę owsianą, kakao w proszku i sól. Wyłącz mikser stojący i wrzuć suche składniki. Przywróć mikser do niskiej prędkości i mieszaj, aż suche składniki zostaną w pełni połączone. W razie potrzeby zeskrob boki miski. Mieszanka powinna być gęsta i puszysta, jak ciasto na ciasteczka.

Wrzuć miksturę do przygotowanej patelni brownie i spłaszcz ją.

Do polewy czekoladowej:

W małej misce wymieszaj grecki jogurt, ekstrakt ze stewii i kakao w proszku. Rozłóż na batonach proteinowych. Patelnię szczelnie przykryj folią i włóż do zamrażarki na 1 godzinę.

Wyjmij miksturę z patelni. Pokrój na 12 batonów.

Umieść silikonową matę do pieczenia na wierzchu patelni do galaretek i wyłóż batony proteinowe na wierzchu.

Dla polewy czekoladowej:

Dużą łyżką nałóż roztopioną czekoladę na batony proteinowe. Postaraj się oblać czekoladą cały baton, ale nie musi to być idealne. Na wierzch posyp kawałkami czekolady.

Wstaw do lodówki do stwardnienia (~1 godziny). Aby przechowywać, po prostu umieść arkusz pergaminu na podstawie z ciastem, ułóż na nim batoniki białkowe i przykryj kopułą ciasta.

Wydajność: 12 batonów białkowych

WNIOSEK

Najlepsze batony deserowe zwykle mają warstwy smaku i występują w wielu odmianach, możliwości są nieograniczone, zobacz, co możesz wymyślić!

Batoniki deserowe to również naprawdę fajny prezent świąteczny lub inny prezent na specjalne okazje dla przyjaciół i rodziny. Kto nie chciałby otrzymać pięknie udekorowanego opakowania wypełnionego domowymi batonikami deserowymi? To może być jeden z najlepszych prezentów w historii! Mają dość długi okres przydatności do spożycia i można je upiec z kilkudniowym wyprzedzeniem. Można je również przechowywać w zamrażarce, jeśli są ciasno owinięte folią.

Z tą książką kucharską na pewno sprawisz, że Twoi goście będą chcieli wrócić na kolejny plac do jedzenia!

www.ingramcontent.com/pod-product-compliance
Lightning Source LLC
Chambersburg PA
CBHW070646120526
44590CB00013BA/854